0〜5歳児 たっぷり充実！

寒い日も元気に！　アレンジいっぱい！

冬の外遊び
～「保育の質の向上」にもつながる！～

はじめに

　冬の外遊びは楽しいことがいっぱい!!

　子どもにとって外遊びは、毎日を健康に過ごすためにとても大切です。外に出て手や足や頭などを使って外気に触れ、体を動かして遊びましょう。友達といっしょに、自然や人とふれあい、いろいろな刺激を受け、多様な体験を重ね、楽しい発見をすることは、心の発達も促すとともに、協同性も育みます。

　寒さは体をじょうぶにするともいわれています。気温に合わせて衣服を調節し、無理のない範囲で、寒くても外に出ましょう。

　本書は、すぐに遊びだせるよう遊びを中心に集めています。ここで紹介されている遊びを子どもとともに保育者も楽しみながら、そこからヒントを得て、どんどん遊びを広げていきましょう。

　体の発達に応じた外遊びは、子どもの好奇心を一段とアップさせます。冬こそ外遊びを楽しんで寒い季節を乗り越えましょう。

監修者　森川　紅

ひかりのくに

●本書は、戸外で遊べる遊びをたくさん紹介していますが、戸外で遊べない場合も、登園、降園の際に寒さをいっしょに感じたり、屋内のホールなどのスペースのある場所でも楽しめます。

冬でも元気に外遊び！楽しむ秘訣!!

「さむいよー」「そとにでたくないよー」という子ども。実は、保育者も同じ気持ちだったり…。でも、子どもたちには体を動かして、元気に遊んでほしい…。どうやって遊ぼう？ 何から始めよう？ とお悩みの保育者に、冬でも元気に外遊びを楽しむ秘訣を紹介します。

秘訣 1 寒さをいっしょに感じよう！

寒いから…と終わってしまうのではなく、「さむいね」「うん、さむいね」という会話から、寒さを共感・共有しましょう。「さむいね、体をこすってみようか」「あっちまで走ったら温かくなるかな」「〇〇ちゃんの手も冷たいね」「すべり台も冷たいのかな？」とお話ししていく中で、「外に出てみようかな？」のきっかけをつくれるといいですね。

秘訣 2 子どもとかけひきを楽しみながら！

「こんなことできる？」「ぼく、できるよ！」「じゃあ、これは？」など、子どもとのやりとりを楽しみながら、いっしょに遊んでみましょう。

秘訣 ③
めりはりをつけよう！アレンジ力が大事！

遊びが始まったら、繰り返し遊んで楽しんでいる子どもたち。でも、次第にマンネリ化しそうになると、アレンジを加えて、遊びに変化をつけてみましょう。子どもからヒントをもらい、アレンジ力をアップして遊びの幅を広げていきましょう。

➡ 本文の **どんどん広がる！アレンジ** も参考にしてください。

秘訣 ④
遊びをしかけよう！きっかけをつくろう！

遊び始めるといいのだけど、遊び始める前がいちばん難しい…。なかなか興味を示さない子どもたちには、保育者が遊びのきっかけをつくれるといいですね。

➡ 本文の **子どもも保育者も！楽しくなるヒ・ミ・ツ！ 導入の環境づくり・ことばがけ** も参考にしてください。

また、次のページにそのきっかけづくりを紹介しています。

遊びをしかけよう！きっかけづくり！

戸外に出て「さあ始めよう」ではなかなか子どもの気持ちが乗ってこなかったり、戸外へもなかなか出なかったり…。無理強いするのはよくないですが、きっかけをつくって、戸外へ誘い出してみましょう。
子どもが興味を示すきっかけづくり、外遊びのしかけを紹介します。

しかけ1 子どもの心をつかむ準備を！

どんな遊びかわからないと、興味もわきませんよね。でも、初めに、言葉で説明するよりも、保育者が先に外に出て地面に線を引いてみたり、カラー標識を置いたりして、「なにがはじまるんだろう？」と興味とワクワク感を持てるようにします。

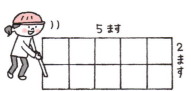

しかけ2 ちょっとはじめてみる

保育者が率先して遊び始めましょう。歌をうたい始めてみたり、ボールを転がしてみたり、縄を動かして声をかけたり、遊びのきっかけ・始まりをつくっていきましょう。

しかけ3 保育者がやって見せてみる

特に、「作って遊ぼう」は作ったものを見せて実際に保育者が遊んでみます。そんな楽しそうなものを見ていると、「それはなに？」「それやりたい！」「つくりたい！」という気持ちがわいてきますよ。

しかけ4
興味を持った子どもからやってみる

みんなでいっせいに始めるのはハードルが高くても、興味を持った子どもが何人か集まってきたら数人でも始めてみましょう。見て、どんな遊びかわかると、ほかの子どもたちも遊びに入ってきますよ。

しかけ6
共感・共有しながら子どもといっしょに遊びを考えていこう

子どもの目線になって、いっしょに遊びましょう。「おもしろい！」「楽しい」を共感・共有することが、「こうすると楽しいね」「こうしたらきっとおもしろいよ」につながっていきます。

しかけ5
子どもの言葉を拾って遊びにつなげよう

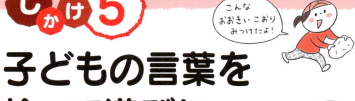

「いきがしろい！」「ゆげかな？」「でも、あつくないよ」など、子どもの言葉を拾って、遊びにつなげていきましょう。子どもの言葉＝興味＝遊びの広がりです。

こんなことも！ 年齢の枠を広げて遊ぼう！

園庭で遊んでいると、ほかの年齢の子どもたちも興味を示します。仲間に入りたそうな子どもに声をかけて誘ってみましょう。外遊びだからこそ、しぜんにうまれる異年齢の交流は、子どもにとってもすてきな経験になりますよ。

遊びの前に、遊びの後に

子どもたちが安全に遊べるように、遊んでいるときだけではなく、遊び始める前、遊んだ後にも気をつけるべきことがあります。各園でも話し合い、共通認識を持って取り組みましょう。

遊びの前に

☑ 毎朝園庭チェックを！
子どもが安心して安全に遊べるように、危険物がないか、固定遊具のネジなどは緩んでいないか、朝露などでぬれていたらふき取るなど、毎朝、園のチェック表を見ながら園庭の安全点検をしましょう。

☑ 動きやすい、安全な服で
- ひざの曲げ伸ばしがしやすいズボン、引っ掛からない服など、動きやすい服装で外に出ましょう。フードやひもが付いた服、糸でつながった手袋、長いマフラーは遊具に引っ掛かかると首が絞まって危険なので避けましょう。
- 帽子は、年中通して頭を守るためにも必ず被りましょう。
- 保育者も、動きやすい服で戸外へ出ましょう。エプロンを取ったら外遊びの合図！ というのもいいですね。いざというときのために、ポケットには、ハンカチ、ティッシュ、メモを常備します。

☑ ウォーミングアップを！
特に冬は、急に激しい運動をするのは避けましょう。柔軟体操や歌をうたいながら少し大またでゆっくり歩く、徐々にスピードを上げて歩く、早歩きする、かけっこをするなどをして、少し体を温めてからにしましょう。

☑ 保育者は安全を見渡せる位置に
保育者はいっしょに遊びながらも、常に全体を見渡せる位置にいて、何かを感じたらすぐに動ける態勢で、危険が起こらないか見守ります。

遊びの後に

☑ 汗をふこう！
子どもは手や体を動かして、走り回ったりすることで汗をかくこともあります。冷えてしまわないように汗をぬぐってあげましょう。汗の管理は大切ですよ。

☑ 手洗い・うがいをしよう！
遊び終わったら、汚れやバイキンを洗い流します。うがいはガラガラうがいをしましょう。常に行ない、「帰ったら、手洗い・うがい」を習慣化しましょう。

☑ 衣服の調節を！
運動をして暑くなってきたら、上着を1枚脱ぐなど、調節をします。汗をかいてぬれてしまったら、かぜ予防のために着替えが必要です。タオルで背中や胸をふくだけでもOKです。

☑ 水分補給を！
暑いときは意識して飲みますが、冬も意識的に水分補給をしましょう。乾燥しているため喉を痛めやすいので、潤わせます。

☑ 万が一、ケガや事故が起きたら
切り傷や擦り傷などの場合、まずは流水で洗い、泥や砂などを流しましょう。応急手当て、緊急対応の正しい知識を身につけ迅速に対応しましょう。

本書の特長

子どもも、そして保育者も寒いとなかなか戸外に出たくない！　と思うことも。
本書はそんな思いも楽しさで吹っ飛ぶ、冬の楽しい外遊びをたっぷり紹介しています。
子どもといっしょに、保育者も元気に遊びましょう！

特長1
子どもが楽しい！冬の外遊びがいっぱい！

体力向上にも！

何もなくても楽しい遊びから、遊具を使う遊びまで、たくさん紹介しています。この冬の外遊びは、おまかせ！
外遊びをたくさん楽しむことが、子どもたちの体力向上へのいちばんの方法であるといわれています！

特長2
ちょっとしたことが遊びをおもしろくする！

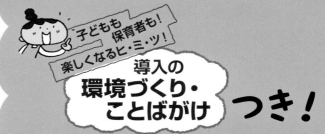

子どもも保育者も！楽しくなるヒ・ミ・ツ！
導入の環境づくり・ことばがけ　つき！

寒い戸外でなかなか遊んでくれない…、どうやって始めたらいいの？　というお悩みにこたえる、導入の環境づくり・ことばがけ例を紹介。ぜひヒントにして、遊びを楽しんでください！

特長3
ずっとずっと遊べる！アレンジ遊びもいっぱい！

子どもはひとつの遊びを繰り返し存分に楽しんで遊びますが、少しのアレンジをすることで、どんどん広がっていきます。アレンジもヒントにして、冬の外遊びを楽しみましょう。

特長4

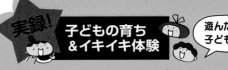

実録！子どもの育ち＆イキイキ体験
遊んだときの子どもの姿から…

がついて「保育の質の向上」に！

「保育の質の向上」につながるようにしています。（P.8「本書の見方」参照）

本書の見方

ページの各コーナーは、下記のような内容になっています。
子どもが興味を持ちそうなもの、
すぐできそう！ 楽しそう！ というものから始めてみてください。

12のテーマ

遊びを12のテーマで紹介しています。

- 何もなくても
- 鬼ごっこ
- 冬ならではの自然
- 身近なもので遊ぼう
- 作って遊ぼう
- フープで遊ぼう
- ボールで遊ぼう
- 縄で遊ぼう
- 平ゴムで遊ぼう
- 鉄棒で遊ぼう
- ミニバルーンで遊ぼう
- いろいろな遊具で

キーワード

12のテーマの中でも、それぞれの遊びのキーワードを示しています。遊び選びの参考にしてください。

0 1 2 3 4 5 歳児

遊びの目安の年齢を示しています。
（異年齢児の遊びとしても）

番号

遊びの通し番号です。01〜95あります。

導入の環境づくり・ことばがけ

子どもも保育者も楽しくなる、遊びを始めるときの導入の環境づくり・ことばがけの例などを紹介しています。寒い冬も、さあ、思い切って戸外に出て遊びましょう。次第に体がポカポカ、温かくなっていきますよ。

実録！ 子どもの育ち＆イキイキ体験

遊んだときの子どもの姿から…

「保育の質の向上」のために

子どもは遊びながらみずから育っていきます。子どもと、存分に楽しみ、イキイキとした体験のようすのごく一部を紹介しています。このコーナーをヒントにして、子どもの姿をよく見てみましょう。ひとりひとりの子どもの育ちがあり、豊かな体験をしていることがわかります。
ひとつひとつの遊びを楽しむだけで終わらず、子どもの姿から遊びを膨らませたり、次への見通しを持ったりしましょう。それが今言われている「保育の質の向上」です！　遊びが子どもの学びとなり、「保育」の楽しさがわかり保育力のアップにつながるきっかけとなるコーナーです。

どんどん広がる！ アレンジ

遊びのアレンジ例を示しています。子どもの興味に合わせてどんどん広げて楽しみましょう。

寒い日も元気に！ アレンジいっぱい！
冬の外遊び もくじ

はじめに …… 1	遊びの前に、遊びの後に …… 6
冬でも元気に外遊び！ 楽しむ秘訣！ …… 2	本書の特長 …… 7
遊びをしかけよう！ きっかけづくり！ …… 4	本書の見方 …… 8

何もなくても …… 14

01 目的地までよーいどん！
- あっち、こっち、どっち？ でゴー！ …… 14　0 1 2 3 4 5 歳児
- アレンジ 好きなところへ、ゴー！ …… 14　0 1 2 歳児
- アレンジ ドキドキどこ行き？ …… 14　3 4 5 歳児
- アレンジ 行ったら○○！ …… 14　3 4 5 歳児

02 影遊び❶
- "影"って、ふしぎ！ …… 15　0 1 2 3 4 5 歳児
- アレンジ 影で変身！ …… 15　2 3 4 歳児
- アレンジ 合体！ 何できる？ …… 15　3 4 5 歳児

03 影遊び❷
- "影"って、おもしろい！ …… 15　0 1 2 3 4 5 歳児
- アレンジ ふたりで影踏み❶ …… 15　4 5 歳児
- アレンジ ふたりで影踏み❷ …… 15　3 4 5 歳児

04 力比べ 友達といっしょに
- はっけよーいのこった！ …… 16　1 2 3 4 5 歳児
- アレンジ 力が強いねー …… 16　0 1 2 歳児
- アレンジ まだまだ力比べ …… 16　3 4 5 歳児
- アレンジ おすもうごっこ …… 16　4 5 歳児

05 力比べ バランス
- ケンケンずもう …… 17　3 4 5 歳児
- アレンジ 着いた足を動かさずにね！ …… 17　4 5 歳児

06 わらべうた みんなでふれあい
- おしくらまんじゅう …… 17　0 1 2 3 4 5 歳児
- アレンジ 保育者とギュッギュッギュッ …… 17　0 1 2 歳児
- アレンジ 線から外はアウト …… 17　3 4 5 歳児

07 ケン、パー❶ バランス
- ケンケンパーで遊ぼう …… 18　2 3 4 5 歳児
- アレンジ ケンケンパーのリズムで …… 18　2 3 歳児
- アレンジ リズムを変えてチャレンジ！ …… 18　4 5 歳児

08 ケン、パー❷ バランス
- いろいろ、ケンパー …… 18　2 3 4 5 歳児
- アレンジ ケンケンパーでドン、ジャンケン …… 18　3 4 5 歳児
- アレンジ いちにっさんにのしのご …… 18　4 5 歳児

09 わらべうた
- おはぎのよめいり …… 19　4 5 歳児
- アレンジ 手をつないで …… 19　4 5 歳児
- アレンジ ボールつきで …… 19　4 5 歳児

10 わらべうた
- あんたがたどこさ …… 20　4 5 歳児
- アレンジ 線を増やしてみよう！ …… 20　4 5 歳児
- アレンジ 野球ボール形で！ …… 20　4 5 歳児
- アレンジ ボールつきで …… 20　4 5 歳児

11 わらべうた なべとりゲーム
- オニサノルスニ …… 21　3 4 5 歳児
- アレンジ 穴があいたよ …… 21　4 5 歳児
- アレンジ なべはどこ、どこ？ …… 21　3 4 5 歳児

12 わらべうた ジャンケン
- はないちもんめ …… 21　3 4 5 歳児
- アレンジ 相談しよう …… 21　3 4 5 歳児

13 わらべうた おしりをねらえ
- カラスカズノコ …… 22　3 4 5 歳児
- アレンジ カッパの親分がふたり！ …… 22　3 4 5 歳児
- アレンジ カッパの子もいっしょに！ …… 22　3 4 5 歳児

14 わらべうた つかまえ鬼
- あぶくたった …… 23　3 4 5 歳児
- アレンジ 「○○の音！」 …… 23　3 4 5 歳児

寒い日も元気に！ アレンジいっぱい！
冬の外遊び もくじ

鬼ごっこ ……… 24

15 定番
- デンつき鬼 …… 24　③④⑤歳児
- アレンジ 待て待て …… 24　⓪①②歳児
- アレンジ すわり鬼 …… 24　③④⑤歳児

16 いっしょに
- 手つなぎ鬼 …… 24　③④⑤歳児
- アレンジ 分裂！ …… 24　③④⑤歳児
- アレンジ 囲んだらオニ！ …… 24　③④⑤歳児

17 色を探そう
- 色鬼 …… 25　③④⑤歳児
- アレンジ みんなでタッチ …… 25　①②③歳児
- アレンジ まぜまぜ色鬼 …… 25　④⑤歳児

18 変身〜
- こおり鬼 …… 25　③④⑤歳児
- アレンジ くぐるとOK！ …… 25　④⑤歳児
- アレンジ バナナになれ …… 25　④⑤歳児

19 ギリギリ届くかな？
- ひょうたん鬼 …… 26　③④⑤歳児
- アレンジ ひょーたん鬼 …… 26　③④⑤歳児
- アレンジ クラゲ鬼 …… 26　③④⑤歳児

20 鬼のすきをねらって❶
- 島鬼 …… 26　③④⑤歳児
- アレンジ 待て待て、ぎゅー …… 26　⓪①②歳児
- アレンジ 島が遠いよー …… 26　③④⑤歳児

21 鬼のすきをねらって❷
- 丸十鬼 …… 27　④⑤歳児
- アレンジ もっとジャンプ！ …… 27　④⑤歳児
- アレンジ 鬼の道を増やそう …… 27　④⑤歳児

22 ジャンケン
- うずまき鬼 …… 27　③④⑤歳児
- アレンジ 来た道をグルグル …… 27　③④⑤歳児
- アレンジ 宝物を守れ …… 27　③④⑤歳児

23 追いかけっこ フーフのフー
- オオカミと子ブタ …… 28　②③歳児
- アレンジ フーフの…？ …… 28　②③歳児
- アレンジ 子ブタがフーフ …… 28　②③歳児

24 追いかけっこ
- しっぽ取り …… 28　⓪①②歳児
- アレンジ 陣地を決めて …… 28　③④⑤歳児
- アレンジ しっぽがたくさん！ …… 28　④⑤歳児

25 2チームに分かれて
- ケイドロ …… 29　④⑤歳児
- アレンジ 宝物を取り返せ！ …… 29　⑤歳児

26 手切り鬼
- さいしょの一歩 …… 29　③④⑤歳児
- アレンジ リズムを変えて …… 29　④⑤歳児
- アレンジ ダルマさんが… …… 29　③④⑤歳児
- アレンジ ○○さんが… …… 29　③④⑤歳児

冬ならではの自然 ……… 30

27 ひんやりとした空気　全身で感じる
- 冷たいところ探し …… 30　⓪①②③④⑤歳児
- アレンジ どっちが冷たい？ …… 30　①②③歳児
- アレンジ 冷たいかな？ …… 30　③④⑤歳児

28 声を出して　体を動かして
- 寒くても、あったかい！ …… 30　⓪①②③④⑤歳児
- アレンジ 回して、回して …… 30　⓪①②③④⑤歳児
- アレンジ ハイ、ポーズ！ …… 30　②③④⑤歳児

29 太陽のあたたかさ　全身で感じる
- "ひだまり"でポカポカ …… 31　⓪①②③④⑤歳児
- アレンジ ひなたぼっこ …… 31　⓪①②③④⑤歳児
- アレンジ ゆったりごっこ遊び …… 31　②③④⑤歳児

30 白い息で遊ぼう
- 「あっ、けむりがでた！」 …… 31　⓪①②③④⑤歳児
- アレンジ うたってみよう …… 31　⓪①②③歳児
- アレンジ ふしぎ、ふしぎ …… 31　③④⑤歳児

31 冬のおさんぽ
- 冬の名所をつくろう！ …… 32　⓪①②③④⑤歳児
- アレンジ "冬の名所"マップ …… 32　④⑤歳児

32 霜で遊ぼう
- 雪？"霜"やで！ …… 33　⓪①②③④⑤歳児
- アレンジ 雪の結晶みたい！ …… 33　④⑤歳児
- アレンジ 霜を集めよう …… 33　③④⑤歳児

33 霜柱で遊ぼう
- 土の中に氷がある！ …… 33　⓪①②③④⑤歳児
- アレンジ くらべっこ …… 33　③④⑤歳児
- アレンジ 針みたい！ …… 33　④⑤歳児

34 氷で遊ぼう
- レッツゴー、氷探し …… 34　⓪①②③④⑤歳児
- アレンジ どこで見つけたの？ …… 34　④⑤歳児
- アレンジ 見つけた氷で遊ぼう！ …… 34　③④⑤歳児

35 氷を作ろう
- "氷"ができるかな？ …… 35　④⑤歳児
- アレンジ 今度はどんな氷を作ろう？ …… 35　④⑤歳児
- アレンジ "はっぱ氷"ができるかな？ …… 35　③④⑤歳児

36 雪で遊ぼう
- "雪"を全身で楽しもう！ …… 35　⓪①②③④⑤歳児
- アレンジ あっ、ろっかくけい！ …… 35　④⑤歳児
- アレンジ "雪玉"を作ろう …… 35　②③④⑤歳児

もくじ

身近なもので遊ぼう ……… 36

37 [ポリ袋] [風と遊ぼう]
- 風をつかまえよう ……… 36　③④⑤歳児
- アレンジ かんたんだこ ……… 36　②③④⑤歳児
- アレンジ ふくらむよー ……… 36　②③④⑤歳児
- アレンジ レジ袋だこ ……… 36　②③④⑤歳児
- アレンジ つかまえた風でふくらませてみよう ……… 36　③④⑤歳児
- アレンジ 風さんキャッチ ……… 36　②③④⑤歳児

38 [布] [風と遊ぼう]
- ひらひら、風に乗って ……… 37　⓪①②③④⑤歳児
- アレンジ いっしょにバサッ! ……… 37　⓪①②歳児
- アレンジ モモンガになって走ろう ……… 37　③④⑤歳児

39 [わらべうた] [布]
- ゆすらんかすらん ……… 37　②③④⑤歳児

40 [ポリ袋] [羽根突き]
- ポンポン羽根突き ……… 38　⓪①②③④⑤歳児
- アレンジ キャッチできるかな? ……… 38　⓪①②歳児
- アレンジ 大きなポリ袋で作ってみよう ……… 38　③④⑤歳児
- アレンジ 羽根突きしてみよう ……… 38　③④⑤歳児

41 [段ボール] [羽根突き]
- 羽根突き ……… 39　②③④⑤歳児
- アレンジ 羽根を風船に ……… 39　②③歳児
- アレンジ 的を目がけて ……… 39　③④⑤歳児

42 [発泡トレー] [羽根突き]
- ペッタンキャッチボール ……… 39　③④⑤歳児
- アレンジ どんどん高く! ……… 39　③④⑤歳児
- アレンジ 両手でキャッチ! ……… 39　⑤歳児

43 [段ボール] [押す・引く]
- 段ボールダンプ ……… 40　⓪①②③歳児
- アレンジ ボール運び競走 ……… 40　③④⑤歳児

44 [玉入れの玉] [投げる]
- それ! 入るかな? ……… 41　⓪①②③④⑤歳児
- アレンジ 届くかな? ……… 41　①②③歳児
- アレンジ こっちだよ! ……… 41　③④⑤歳児

45 [空き箱] [積む]
- 運んで運んで、高く積もう ……… 41　②③④⑤歳児
- アレンジ チーム対抗戦! ……… 41　④⑤歳児
- アレンジ お城を作ろう! ……… 41　④⑤歳児

46 [色画用紙&段ボール] [ゲーム]
- 返して返して ……… 42　③④⑤歳児
- アレンジ 鬼はどっち? ……… 42　④⑤歳児

47 [ポリ袋] [ゲーム]
- 投げて投げて! どっちが勝ち? ……… 43　②③④⑤歳児
- アレンジ 3つのチームで ……… 43　④⑤歳児
- アレンジ 大きさを変えて ……… 43　④⑤歳児

作って遊ぼう ……… 44

48 [ポリ袋] [風と遊ぼう] [たこあげ]
- インスタントダイヤだこ ……… 44　④⑤歳児
- アレンジ 大きさを変えてみよう! ……… 44　④⑤歳児
- アレンジ 絵を描いてみよう ……… 44　④⑤歳児

49 [ハガキ❶] [風と遊ぼう] [たこあげ]
- ハガキだこ ……… 44　②③④⑤歳児
- アレンジ しっぽをつかまえよう! ……… 44　⓪①②③歳児
- アレンジ 連だこだぁ! ……… 44　⑤歳児

50 [ハガキ❷] [風と遊ぼう] [たこあげ]
- くるくるコプター ……… 45　②③④⑤歳児
- アレンジ ぶらさげてみよう ……… 45　⓪①②歳児
- アレンジ 回してみよう! ……… 45　③④⑤歳児

51 [画用紙] [風と遊ぼう] [たこあげ]
- たこコプター ……… 45　②③④⑤歳児
- アレンジ 渦巻きくるくる ……… 45　⓪①②歳児
- アレンジ 大きさを変えてみよう! ……… 45　④⑤歳児

52 [風を受けて]
- 風車を回そう ……… 46　②③④⑤歳児
- アレンジ 両手でダッシュ! ……… 46　④⑤歳児
- アレンジ 風、はかり隊! ……… 46　④⑤歳児

53 [風に乗せて] [体を大きく動かして]
- ぐるぐるグライダー ……… 46　④⑤歳児
- アレンジ 糸を伸ばしてみよう! ……… 46　④⑤歳児
- アレンジ だれがいちばん? ……… 46　④⑤歳児

54 [紙飛行機] [風と遊ぼう] [ゲームで夢中]
- 世界旅行をしよう! ……… 47　④⑤歳児
- アレンジ 園庭1周ゲーム ……… 47　③④⑤歳児

55 [風に乗って]
- 紙トンボ ……… 48　③④⑤歳児
- アレンジ 逆さに折ると… ……… 48　③④⑤歳児
- アレンジ おもりを変えてみよう ……… 48　④⑤歳児

56 [風に乗って]
- パラシュート ……… 48　③④⑤歳児
- アレンジ 取れるかな? ……… 48　⓪①②③歳児
- アレンジ 投げ上げてみよう! ……… 48　③④⑤歳児
- アレンジ どこに着陸しよう? ……… 48　④⑤歳児

57 [風が吹いたら…]
- ころころヘビ ……… 49　⓪①②③④⑤歳児
- アレンジ あおいでキャッチ ……… 49　①②歳児
- アレンジ あおいで! あおいで! ……… 49　③④⑤歳児

58 [風が吹いたら…]
- ころころ風輪 ……… 49　⓪①②③④⑤歳児
- アレンジ いろいろアレンジ ……… 49　③④⑤歳児
- アレンジ 棒で行け行け! ……… 49　③④⑤歳児

寒い日も元気に！ アレンジいっぱい！
冬の外遊び もくじ

フープで遊ぼう ……… 50

59 フープに親しむ❶ 転がす
コロコロ転がるかな？ ……… 50　0 1 2 3 4 5 歳児
アレンジ　同時に3本転がして ……… 50　0 1 2 3 歳児
アレンジ　転がるフープをキャッチ！ ……… 50　4 5 歳児
アレンジ　"すご技"コロコロトンネル ……… 50　5 歳児

60 フープに親しむ❷ 回す
どんどん回せ！ ……… 51　3 4 5 歳児
アレンジ　クルクルピタッ！ ……… 51　3 4 5 歳児
アレンジ　いろいろフープ ……… 51　3 4 5 歳児

61 友達とイメージを膨らませて
「フープのおうち」で遊ぼう！ ……… 52　3 4 5 歳児
アレンジ　お引っ越し ……… 52　3 4 5 歳児
アレンジ　いっしょのおうちに入ろう ……… 52　3 4 5 歳児
アレンジ　いっしょにお引っ越し ……… 53　4 5 歳児
アレンジ　バラバラでもだいじょうぶ？ ……… 53　4 5 歳児
アレンジ　引っ越し競走 ……… 53　5 歳児

62 友達と力を出し合って
ふたりで力比べ ……… 54　4 5 歳児
アレンジ　しっかりふんばって！ ……… 54　4 5 歳児
アレンジ　スキップで！ ……… 54　4 5 歳児

63 友達と気持ちを合わせて
回れ、メリーゴーラウンド ……… 55　4 5 歳児
アレンジ　動きを工夫して… ……… 55　4 5 歳児

ボールで遊ぼう ……… 56

64 挟んだり、つかんだり
ボールとなかよし ……… 56　3 4 5 歳児
アレンジ　キックでおさんぽ ……… 56　3 4 5 歳児
アレンジ　合図でストップ！ ……… 56　4 5 歳児
アレンジ　ボール大好き！ ……… 56　0 1 2 歳児

65 友達と気持ちを合わせて
ふたりで、ぴったんこ ……… 57　3 4 5 歳児
アレンジ　ペアチェンジ ……… 57　3 4 5 歳児
アレンジ　ぴったんこで、いち、に！ ……… 57　3 4 5 歳児
アレンジ　キャッチできるかな？ ……… 57　4 5 歳児

66 転がす
それ！ 追いかけろ！ ……… 58　0 1 2 歳児
アレンジ　どんどん転がるよ ……… 58　0 1 2 歳児
アレンジ　ふたりで向き合って ……… 58　3 4 5 歳児

67 投げる
入るかな？ ……… 58　3 4 5 歳児
アレンジ　ちょっぴり難度アップ ……… 58　3 4 5 歳児
アレンジ　キックでえいっ！ ……… 58　3 4 5 歳児

68 友達といっしょに楽しもう
運んで運んで、ボールタッチ！ ……… 59　3 4 5 歳児
アレンジ　新聞紙で運ぼう！ ……… 59　3 4 5 歳児
アレンジ　パスで進もう！ ……… 59　4 5 歳児

69 ボールに親しむ　操作する
ついて、とって、1・2 ……… 59　4 5 歳児
アレンジ　いろいろドリブル ……… 59　5 歳児
アレンジ　あんたがたどこさ ……… 59　5 歳児

70 わらべうた　ボールつき
てんやのおもち ……… 60　5 歳児
ほかにもあるよ！
ボールつきのわらべうた ……… 60

71 ボールをコントロールして
ゴールをねらってー、シュート！ ……… 61　3 4 5 歳児
アレンジ　新聞紙ボール ……… 61　1 2 3 歳児
アレンジ　新聞紙バットでシュート ……… 61　1 2 3 歳児
アレンジ　キックボウリング ……… 61　4 5 歳児

72 ドキドキ感、身のこなし
転がしドッジボール ……… 62　3 4 5 歳児
アレンジ　ルールを変えて ……… 62　4 5 歳児

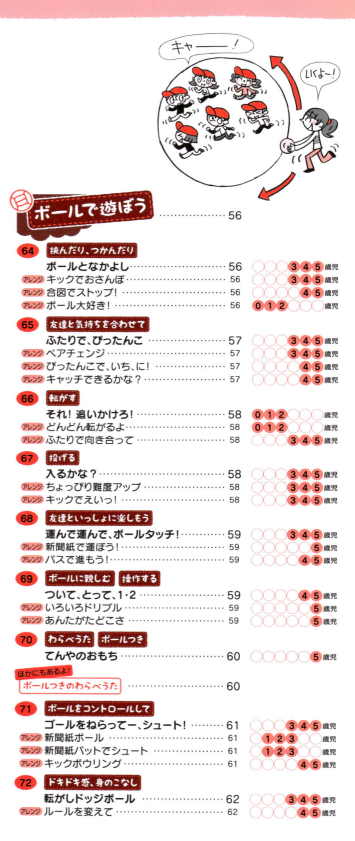

もくじ

縄で遊ぼう …… 63

73 短縄 楽しく体を動かそう
ヘビヘビ〜まてまてー …… 63 ①②③歳児
アレンジ ソレ、追いかけろ！ …… 63 ①②③歳児
アレンジ ひっぱれ、ひっぱれ …… 63 ①②③歳児

74 短縄 縄に親しむ❶
縄遊び、いろいろ …… 64 ②③④⑤歳児
アレンジ 縄を地面に置いて …… 64 ②③④⑤歳児

75 短縄 縄に親しむ❷
どんどんつないで、綱渡り …… 65 ④⑤歳児
アレンジ ふたり組で、綱渡り …… 65 ⑤歳児

76 短縄 友達といっしょに楽しもう
ふたりで、縄遊び …… 66 ③④⑤歳児
アレンジ ふたりでしっぽ取り …… 66 ④⑤歳児
アレンジ 電車ごっこ …… 66 ③④⑤歳児

77 長縄 一定のリズムで跳ぶ
リズムに乗って、ジャンプ！ …… 67 ③④⑤歳児
アレンジ グルグルジャンプ！ …… 67 ④⑤歳児

78 長縄 わらべうた
おおなみこなみ …… 67 ③④⑤歳児
アレンジ いっしょに遊ぼう …… 67 ⓪①②歳児

79 長縄 わらべうた
クマさんクマさん …… 68 ④⑤歳児
アレンジ いろんな動きができるよ …… 68 ④⑤歳児
アレンジ ふたり跳びに挑戦 …… 68 ④⑤歳児

80 長縄 ジャンケンポン
おじょうさんおはいり！！ …… 68 ④⑤歳児
アレンジ ○○さん …… 68 ③④⑤歳児

81 長縄 わらべうた
いちわのからす …… 69 ④⑤歳児
アレンジ まねっこしよう …… 69 ⓪①②歳児
アレンジ 「ご」は？「ろく」は？ …… 69 ③④⑤歳児

平ゴムで遊ぼう …… 70

82 跳び越えよう
ゴム跳びしよう …… 70 ⓪①②③④⑤歳児
アレンジ 跳び方いろいろ …… 70 ③④⑤歳児

83 くぐろう
クモの巣ごっこ …… 70 ①②③④⑤歳児
アレンジ 立体クモの巣 …… 70 ③④⑤歳児
アレンジ 冒険ごっこ …… 70 ③④⑤歳児

鉄棒で遊ぼう …… 71

84 ぶらさがる
おサルさん …… 71 ①②③歳児
アレンジ 片手おサルさん …… 71 ②③歳児
アレンジ いない いない ばぁ …… 71 ⓪①②歳児

85 しっかりつかまって❶ ぶらさがる
レッツゴー、スパイダーマン！ …… 71 ③④⑤歳児
アレンジ ナマケモノに変身 …… 71 ③④⑤歳児
アレンジ 逆さでジャンケン …… 71 ③④⑤歳児

86 しっかりつかまって❷ 飛び付いて
エアー自転車 …… 72 ③④⑤歳児
アレンジ 空中、足ジャンケン …… 72 ③④⑤歳児
アレンジ 空中、カニ歩き …… 72 ③④⑤歳児

87 逆さ感覚を楽しもう
コウモリに変身！ …… 73 ④⑤歳児
アレンジ 逆さでブーラブラ …… 73 ④⑤歳児
アレンジ 逆立ちだよ！ …… 73 ④⑤歳児

ミニバルーンで遊ぼう …… 74

88 "風"を感じて遊ぼう "風が強い日"がおすすめ！
うわぁ、ふくらんだ！ …… 74 ②③④⑤歳児
アレンジ いろいろバルーン …… 74 ①②歳児
アレンジ 中は、あったかーい！ …… 74 ③④⑤歳児

89 紅白玉で どんどん拾って投げる
いっぱい入るかな？ …… 75 ①②③④⑤歳児
アレンジ 投げて投げてコロコロ …… 75 ②③④⑤歳児
アレンジ ボールのトランポリン …… 75 ③④⑤歳児

いろいろな遊具で …… 76

90 どこへ行こう？ なり切って
ドライブしよう！ …… 76 ⓪①②③歳児

91 クネクネ走る なり切って
電車が出発 …… 76 ②③④歳児
アレンジ 増やしてみよう …… 76 ①②③歳児
アレンジ 2、3人で連なって …… 76 ②③④歳児

92 どこへ行こう？ 三輪車
三輪車でゴーゴー …… 77 ②③歳児
アレンジ 荷物運び屋さん …… 77 ②③歳児

93 ミニサーキット
トロルがねらってる …… 77 ①②③歳児
アレンジ 草場でゆったり …… 77 ⓪①②歳児
アレンジ トロルとヤギ …… 77 ②③④歳児

94 サーキット
サーキットであそぼー …… 78 ③④⑤歳児
アレンジ リーダーをまねしよう！ …… 78 ④⑤歳児
アレンジ 見取り図を作ってみよう！ …… 78 ④⑤歳児

95 サーキット ボール
ボールで冒険だ！ …… 79 ④⑤歳児
アレンジ 子どもと考えよう …… 79 ④⑤歳児

13

01 何もなくても　目的地までよーいどん！　0 1 2 3 4 5 歳児

あっち、こっち、どっち？でゴー！

子どもも保育者も！楽しくなるヒ・ミ・ツ！
導入の環境づくり・ことばがけ

「よーいどん！」と、声をかけるだけで、子どもたちは大喜びで走り出します。「〜まで！」と、目的地を決めることでよりはりきって走りますよ。
保育者も、走るのが大好きな子どもたちといっしょに、全力で走ることを楽しみましょう！

遊び方

1. 保育者が鉄棒や木など目的地を決めて「よーいどん！」で走ります。
2. 「今度は…〜まで」「よーいどん！」と、目的地を変えて走ります。
3. 目的地や動きを変えながら、くり返し遊びましょう。

鉄棒までよーいドン

実録！子どもの育ち&イキイキ体験　 遊んだときの子どもの姿から…

★ 友達と競い合って走ることを繰り返し楽しんでいました。
★ 早く走りたい気持ちが高まってくると「次はどこまで？」「はやく…」と、保育者のことばがけや合図が待ちきれないようでした。

どんどん広がる！アレンジ

好きなところへ、ゴー！　0・1・2歳児

- ひとりひとり、また、グループで目的地を決め、合図でスタート！
- 保育者も子どもの動きのようすを見ながらいっしょに、レッツ・ゴー！！

ドキドキどこ行き？　3・4・5歳児

- 地面に描いた絵にリングバトンやパフリングなどを投げて、どこに行くかを決めます。目的地にタッチしたら急いで戻ります。次は、どこになるかドキドキです。

行ったら〇〇！　3・4・5歳児

- タッチをするだけでなく、「鉄棒に10までぶらさがってくる」「すべり台を1回滑る」…などの動きを加えるともっと楽しめますよ。

何もなくても 影遊び❶

02 "影"って、ふしぎ！

0・1・2・3・4・5歳児

子どもも保育者も！楽しくなるヒ・ミ・ツ！ 導入の環境づくり・ことばがけ

園庭で"影"を発見した子どもは、じっと見つめて、そのふしぎさやおもしろさに気づいています。保育者は子どもの目線に立っていっしょに影を見つめて、驚きや喜びを共有していきましょう。

遊び方
1. 自分の影を見つけましょう。
2. 影で遊びましょう。
3. ハイ、ポーズ！ 動いてみると…。
4. 自分の影に触ってみたり、つかまえてみたりしてみましょう。

実録！ 子どもの育ち＆イキイキ体験 遊んだときの子どもの姿から…

★ 手を振る、体を動かす、場所を移動するなど、次々に工夫して自分と同じように動く影のおもしろさを楽しんでいました。

★ 影が大きくなったり小さくなったり、折れ曲がったり、消えたり…さまざまに変化することに気づき「すごーい、かげはふしぎや」と驚いていました。

どんどん広がる！アレンジ

影で変身！ 2・3・4歳児

● 自分の体を使い、工夫して影を変身させます。どんな形ができるかな？ 友達のまねっこも楽しいよ。

合体！ 何できる？ 3・4・5歳児

● 影の変化を見ながら、友達といろいろな形を作ってみましょう。

何もなくても 影遊び❷

03 "影"って、おもしろい！

0・1・2・3・4・5歳児

子どもも保育者も！楽しくなるヒ・ミ・ツ！ 導入の環境づくり・ことばがけ

子どもの気づきの言葉に耳を傾け、友達と伝え合えるように仲立ちをしながら、さらに影遊びの楽しさが味わえるようにします。
影の不思議さやおもしろさを保育者も子どもたちといっしょに楽しみましょう。

遊び方
1. いろいろな物の影を探しましょう。
2. 見つけた影で遊びましょう。
3. 友達と伝え合っていっしょに楽しみます。
4. 影の周りを棒でなぞってみましょう。

実録！ 子どもの育ち＆イキイキ体験 遊んだときの子どもの姿から…

★ 「てつぼうのかげのうえで、つなわたり！」「とけいのかげ、はっけん！ ほんものはたかいけど、かげにはタッチできる！」「とけいのうえにものれるよ！」…と、園庭を走り回り、いろいろな影を見つけて「すごーい！」「ふしぎ！」を楽しんでいました。

どんどん広がる！アレンジ

ふたりで影踏み❶ 4・5歳児

● ジャンケンをして勝った子どもは逃げ、負けた子どもは追いかけて影を踏みます。影を踏まれたら今度は鬼になります。

ふたりで影踏み❷ 3・4・5歳児

● ふたりで手をつないで（右手と右手）影踏み鬼をします。

何もなくても

04 はっけよーいのこった！

力比べ　友達といっしょに　**0** 1 2 3 4 5 歳児

子どもも保育者も！楽しくなるヒ・ミ・ツ！
導入の環境づくり・ことばがけ

「はっけよーいのこった！」と、掛け声をかけると"おすもう"のイメージが膨らみます。体を触れ合わせ、力を出し合いながら保育者も子どもたちとともに楽しみましょう！

遊び方

❶ 友達と手のひらを合わせて押し合います。「はっけよーいのこった！」「1、2、3…10！」とカウントします。
（時間を短くし、十分に力を出せるようにするといいです）
❷ 今度は手を使わずに体と体で。
❸ 背中合わせで、おしりとおしりで。

❶手と手で
はっけよーい　のこった！

❷体で

❸おしりで
4、5、6…

どんどん広がる！アレンジ

力が強いねー　0・1・2歳児

わ〜○○ちゃん強いね〜

● 子どもの力を保育者が受けます。「○○ちゃん、強いね〜」「せんせいも負けないよ〜！」と触れ合いながら遊びましょう。

まだまだ力比べ　3・4・5歳児

● どんな力比べができるかな？ 子どもたちと考えながらやってみましょう。「ケンケンずもう」(P.17)も楽しいよ。

おすもうごっこ　3・4・5歳児

はっけよ〜い

● マットの上で"おすもうごっこ"「○ちゃん山…と△ちゃん川！」「見合って見合って、はっけよーい、のこった！」と声をかけます。

実録！ 子どもの育ち＆イキイキ体験

遊んだときの子どもの姿から…

★ 友達と体を触れ合わせて声を出しながら力いっぱい押し合っていました。
★ 触れ合うことを楽しむ姿や負けまいと必死な表情が見られ、おおいに盛り上がります。みんな、心も体もポッカポカ！

05 何もなくても　カヒベ　バランス　0 1 2 **3 4 5** 歳児
ケンケンずもう

子どもも保育者も！楽しくなるヒ・ミ・ツ！
導入の環境づくり・ことばがけ

「片足で立ってみるよ！」保育者がまずは、やってみましょう。まねをして、子どもたちも片足立ちに。「バランスを取ってじょうずに立てるかな？」それから土俵を描いて、ケンケンずもうの始まりです！

遊び方
1. 腕を組み、向かい合います。
2. 片足を上げます。
3. 「はっけよーい、のこった！」でケンケンをしながら相手と体全体で押し合いながら土俵の外に出します。上げた足をおろすと負け。土俵の外に出ると負け。相手をけると負けです。

実録！子どもの育ち＆イキイキ体験
遊んだときの子どもの姿から…

★周りの子どもの「ガンバレ！ガンバレ！」の応援の声で一体感が生まれ、遊びが盛り上がります。掛け声があると、手と足のバランスも取りやすそうです。

どんどん広がる！アレンジ

着いた足を動かさずにね！ 4・5歳児

● 片足を上げ、地面に着いている足が動いたり、上げている足が地面に着いたりすると負けです。

● 上げた足で相手のバランスを崩して遊びます。

---

06 何もなくても　わらべうた　みんなでふれあい　**0 1 2 3 4 5** 歳児
おしくらまんじゅう

子どもも保育者も！楽しくなるヒ・ミ・ツ！
導入の環境づくり・ことばがけ

「寒いねー。ひっつくと温かいねー」と腕を組みながらひっついて、ギューギュー押し合う感覚を楽しみましょう。保育者もいっしょに遊び、力加減のバランスが取れるように配慮しましょう。

遊び方
1. 背中合わせにみんなで腕を組みます。
2. 「♪おしくらまんじゅう…」と掛け声をかけながら、輪の中心に向かって押し合います。

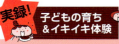
おしくらまんじゅう　わらべうた

おしくらまんじゅう おされてなくな

実録！子どもの育ち＆イキイキ体験
遊んだときの子どもの姿から…

★体と体をくっつけるだけのおもしろさを感じて遊んでいます。

どんどん広がる！アレンジ

保育者とギュッギュッギュッ 0・1・2歳児

● 子どもを抱き締めたり、向かい合わせで押し合ったりしましょう。

線から外はアウト 3・4・5歳児

● みんなで作った輪の外側に円を描き、押されてはみ出した子どもはアウトです。

07 何もなくても　ケン、パー❶　バランス
ケンケンパーで遊ぼう

0 1 ❷ ❸ ❹ ❺ 歳児

子どもも保育者も！楽しくなるヒ・ミ・ツ！ 導入の環境づくり・ことばがけ

保育者が地面に○を描いていくと、子どもたちはその○の中をピョンピョンと跳び始めます。ひとり、またひとりと順につながって…興味を持って楽しくケン！パー！と体を動かせるように、子どもたちの動きを見ながら遊びの場を工夫していきましょう。

遊び方
1. 保育者が地面に○や○○を描きます。
2. 子どもは、○を片足跳び（ケン）、○○は両足で着地（パー）をします。

実録！子どもの育ち&イキイキ体験　遊んだときの子どもの姿から…
★ ひとりが跳び始めると、ほかの子どもたちも次々に跳んでいきます。「1、2…」「ジャンプジャンプ…」「ケンケン…」と、思い思いに声を出しながら楽しそうでした。
★ ○と○○を描くことで、しぜんにケン（○）とパー（○○）のリズミカルな動きが出てきました。

どんどん広がる！アレンジ

ケンケンパーのリズムで　2・3歳児

● 保育者もリズミカルに跳んで見せたり、子どもの動きに合わせて声をかけたりして、楽しさを盛り上げましょう。

リズムを変えてチャレンジ！　4・5歳児

● 慣れてきたら、リズムを変えて遊びましょう。（ケンパー、ケンパー、ケンケンパー、パー　など）

---

08 何もなくても　ケン、パー❷　バランス
いろいろ、ケンパー

0 1 ❷ ❸ ❹ ❺ 歳児

子どもも保育者も！楽しくなるヒ・ミ・ツ！ 導入の環境づくり・ことばがけ

リズミカルにケンパーが楽しめるようになったら、道を長く伸ばしたり、途中に分かれ道を作ったりなど、遊びに変化をつけていきます。子どもたちの考えを取り入れながら、保育者もいっしょに遊びを楽しみましょう。

遊び方
1. 道をどんどん伸ばして遊びましょう。園庭の端まで行けるかな？
2. 別れ道を作り、コースに変化をつけて遊びましょう。いろいろな動きを多くの子どもが楽しめますよ。

実録！子どもの育ち&イキイキ体験　遊んだときの子どもの姿から…
★「もっと長くして…」「もっともっと！」と、どんどん道を長くしてケンパーを楽しんでいました。
★ 一本道やジグザグ道のところは、線をよく見ながら落ちないように慎重に通り、リズミカルなケンパーとのめりはりを楽しんでいました。

どんどん広がる！アレンジ

ケンケンパーでドン、ジャンケン　3・4・5歳児

● 2チームに分かれて、両端から、初めのひとりが「よーい、スタート！」同時にケンケンパーで進み、出会ったところでジャンケンをします。勝ったらそのまま進み、負けたら2人目がスタート！

いちにっさんにのしのご　4・5歳児

● 「♪いちにっさんにのしのご…」と、歌いながら1〜5の○を片足や両足で跳びます。
● ○の配列を変えても楽しめます。

いちにっさんにのしのご　わらべうた

いちにっ　さーんに　のしのご　さんいち　にのしの　にのしのご

何もなくても わらべうた
09 おはぎのよめいり

0 1 2 3 **4 5** 歳児

子どもも保育者も！楽しくなるヒ・ミ・ツ！ 導入の環境づくり・ことばがけ

地面にますを描いていきます。初めてなら「せんせいなにするの？」「これなに〜？」と興味津々。保育者が歌いながら、やってみましょう。子どもたちが「やってみる！」「こう？」と、まねしだしますよ。

遊び方

1. 地面に右図のように線を描きます。
2. ふたりでますをまたいで立ち、歌に合わせて前・後・横・横と両足でジャンプ。線をまたぎながら移動します。歌に合わせて、繰り返します。

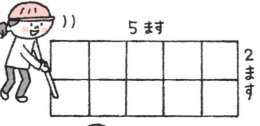

♪おはぎが　　♪およめに　　♪ゆくときは

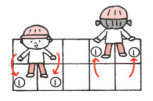 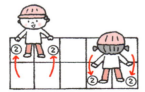 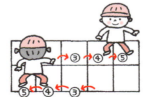

♪あんこと　　♪きなこで　　♪おけしょして

 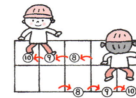

♪まるい　おぼんに　のせられて　ついたところは　おにがしま

どんどん広がる！アレンジ

手をつないで 4・5歳児

● 大きなますにして、向かい合って手をつないでやってみましょう。フォークダンスみたいで楽しいですよ。

ボールつきで 4・5歳児

♪おは　　♪ぎが

● ボールつきにも使えます。歌に合わせて、1回ついて持つ、3回ついて持つなど、やってみましょう。

実録！子どもの育ち＆イキイキ体験
遊んだときの子どもの姿から…

★ ふたりで声を合わせる楽しさがあります。
★ 歌に追いつけなくなると、同時に動けるように互いの動きを見ながら、歌のスピードを落とすようすが見られます。互いを気づかう心が芽生えています。
★ 慣れてきたら、横へ動くときに、目を合わせて、楽しさを共有していました。

あんたがたどこさ

何もなくても わらべうた 10

 0 1 2 3 **4 5** 歳児

子どもも保育者も!楽しくなるヒ・ミ・ツ!
導入の環境づくり・ことばがけ

保育者がまず歌ってみましょう。みんなで歌って㋚の部分で手拍子したり、ジャンプしたりして、楽しんでみましょう。そこから、地面に線を引いて遊ぶと盛り上がりますよ。

あんたがたどこさ　　わらべうた

あんた が た どこ㋚　ひご㋚　ひご ど こ㋚

くま も と㋚　く ま も と ど こ㋚　せん ば㋚

せん ば や ま に は　た ぬ き が お っ て㋚

それ を りょう し が て っ ぽ で う っ て㋚

に て㋚　や い て㋚　く っ て㋚　それ を

こ の は で ちょい と か ぶ せ

遊び方

❶ 地面に ✳ を描きます。

❷ 向かい合って、1本の線を両足でまたいで立ち、歌いながら右移動し、「さ」で左にひとつ戻ります。繰り返します。

（はじめ）　　♪あんたがたどこ　　♪さ

 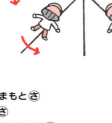 

♪ひご㋚　ひごどこ㋚　くまもと㋚
　くまもとどこ㋚　せんば㋚
　せんばやまには　たぬきが　おって㋚
　それを　りょうしが　てっぽうで　うって㋚
　にて㋚　やいて㋚　くって㋚
　それを　このはで　ちょいとかぶせ

どんどん広がる！アレンジ

線を増やしてみよう！ 4・5歳児

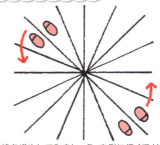

● 線を増やしてみましょう。内側に行くほど歩幅が狭く、外側へ行くほど広くなります。広くなると移動もたいへん！

野球ボール形で！ 4・5歳児

♪あんたがたどこ　　♪さ

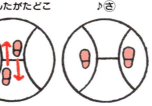

● 野球ボールみたいな線を描きます。横線をまたいで立ち「あんたがたどこ」で上下に3回、「さ」で両足を開いて左右のゾーンへ。これを繰り返します。

ボールつきで 4・5歳児

♪あんたがたどこ　　♪さ

● ボールつきにも使えます。歌に合わせてつき、「さ」で持ちます。

実録！子どもの育ち＆イキイキ体験

遊んだときの子どもの姿から…

★ 2〜3人で遊ぶと、息を合わせて同じ動作で遊んでいる一体感を感じて楽しんでいます。
★ 「あっ！まちがえた」も楽しく、夢中になっています。
★ アレンジの「野球ボール形で！」は、子どもの人数分必要です。ひとりのときにも楽しめます。

11 オニサノルスニ

何もなくても わらべうた なべとりゲーム

0 1 2 **3 4 5** 歳児

オニサノルスニ　わらべうた

2/4 オニ サノ ル ス ニ、 マメ イッ テ ガラ ガラ

子どもも保育者も！楽しくなるヒ・ミ・ツ！
導入の環境づくり・ことばがけ

節分のころに遊ぶとオニや豆のイメージが持てて遊びがいっそう楽しくなります。「オニの留守にガラガラゴロゴロ豆をいりましょう。いった豆はなべの外にボーン！」と、お話しして始めましょう。イス取りゲームの園庭版のようなものです。あまり広いと声が届きにくいので注意。

遊び方
1. 3人組になり、2人が両手をつないでなべを作り、1人が豆になって中に入ります。
2. 歌に合わせてなべの子は、両手を振り、豆の子もいられるように体を動かします。
3. 2回歌ったらなべの子は豆を外へほうり出します。豆の子は新しいなべを探して中に入ります。みんなが入ったらまた遊びを続けます。

実録！子どもの育ち＆イキイキ体験
遊んだときの子どもの姿から…
★「ここ、ここ」となべの子どもが教えて、園庭でイス取りゲームのようにして楽しむ姿があります。

どんどん広がる！アレンジ

穴があいたよ 4・5歳児

● 豆のひとりを鬼にして色違いの帽子をかぶり、鬼が入ったらそのなべは解体。

なべはどこ、どこ？ 3・4・5歳児

● 3人組になれない人数なら、よりいっそう遊びが盛り上がります。

---

12 はないちもんめ

何もなくても わらべうた ジャンケン

0 1 2 **3 4 5** 歳児
※2歳児は4・5歳児といっしょなら楽しめます。

はないちもんめ　わらべうた

たん　す　ながもち　どのこが　ほしい　あのこが　ほしい　あのこじゃ　わからん、（みほ）ちゃんが　ほしい　なになって　いくの？　いぬなって　おいで、ワン　ワン

子どもも保育者も！楽しくなるヒ・ミ・ツ！
導入の環境づくり・ことばがけ

手をつなぎ声を合わせて歌いましょう！ 異年齢で遊ぶともっと楽しいです。2歳児も4、5歳児といっしょなら楽しめます。それぞれの地域の歌詞・旋律・遊び方で楽しみましょう。

遊び方
1. ふた組に分かれて、ジャンケンをし勝ったほうから始めます。
2. 手をつないで並び、向かい合います。名前を呼ばれた人は、相手から要求された動物（乗り物）になって前へ出ます。
3. 相手の組のリーダーとジャンケンし、負けたら相手チームに加わります。

実録！子どもの育ち＆イキイキ体験
遊んだときの子どもの姿から…
★歌の区切りごとに片足を振り上げるなど、しぐさも盛り上がっていきます。
★5歳児をリーダーに「どのこにしよう」と相談したり、ジャンケンを応援したりして、異年齢児で楽しむ姿があります。

どんどん広がる！アレンジ

相談しよう 3・4・5歳児

● 「あのこじゃわからん」の後に「そうだんしよう、そうしよう」と歌い両チームどの子にするか相談してから、また遊びを続けていきます。

13 カラスカズノコ

何もなくても／わらべうた／おしりをねらえ

0 1 2 **3 4 5** 歳児

子どもも保育者も！楽しくなるヒ・ミ・ツ！

導入の環境づくり・ことばがけ

「おしりをたたいていいんだよ」みんなカッパになって、どんどん盛り上がります。「次はだれのおしり？」ねらうほうも、ねらわれるほうもドキドキワクワクの遊びです。輪の間を詰めて小さくしていくのが楽しくなるポイントです。

カラスカズノコ　わらべうた

♩ カ ラ ス カズ ノ コ ニ シン ノ コ
♩ オ シ リ ヲ ネラッ テ カッ パ ノ コ

遊び方

1. カッパの親分をひとり決め、みんなは手をつないで肩が触れるくらいの輪になります。
2. カッパの親分が、唱えながら輪の外を歩きます。
3. 「オシリヲネラッテ」で目ざす子どもに近づき、「カッパノコ」でその子の肩に手を置き、おしりを3回たたきます。たたかれた子どもは抜け、新しい親分になります。
4. 最後のひとりがみんなのおしりをねらってたたきに行きます。最後まで残った子どもが、次の親分になります。

どんどん広がる！アレンジ

カッパの親分がふたり！　3・4・5歳児

● カッパの親分をふたりにしてみましょう。おしりをたたかれることが増えるので、ドキドキ感がアップ！

カッパの子もいっしょに！　3・4・5歳児

● ❹のとき、タッチされた子もいっしょにタッチしにいくと、さらに楽しくなります。

実録！子どもの育ち＆イキイキ体験

遊んだときの子どもの姿から…

★ だれのおしりをねらおう、後からねらわれるかなという緊張感が楽しい遊びです。
★ おしりをねらう遊びなので、どんどんテンションを上げて遊ぶ姿があります。

※ どんどん盛り上がり、テンポが速くなるので、保育者も歌い、時々テンポを修正しましょう。
※ 言葉の響きのおもしろさでも遊んでいます。

あぶくたった

14 何もなくても／わらべうた／つかまえ鬼

導入の環境づくり・ことばがけ
「とんとんとん、なんの音？」「○○の音！」「△△の音！」の問答を楽しみましょう。

0 1 2 **3 4 5** 歳児

あぶくたった　　わらべうた

♪あぶくたった にえたった
にえたか どうだか たべてみよう
むしゃ むしゃ むしゃ
まだ にえない／もう にえた

遊び方

1. 鬼をひとり決め、輪の中にしゃがんで両手で顔を隠します。
2. みんなは手をつないで歌いながら右方向へ歩きます。
3. 「むしゃむしゃむしゃ」で鬼の頭を触り、食べてみるまねをします。
4. 「♪とだなにいれて」で鬼を輪の外に出し、歌詞に合わせてしぐさをします。
5. 鬼とみんなで問答し、「おばけのおと」で鬼ごっこになります。

❶❷
♪あぶくたった　にえたった
　にえたか　どうだか
　たべてみよう

❸
♪むしゃ　むしゃ　むしゃ　　♪まだ　にえない

❹
♪あぶくたった　にえたった
　にえたか　どうだか
　たべてみよう
　むしゃ　むしゃ　むしゃ
　もう　にえた

「とだなにいれて」

「かぎをかけて ガチャガチャガチャ」

「ごはんをたべて むしゃむしゃむしゃ」

「おふろにはいって ごしごしごし」

❺
「おふとんひいて ねましょ」

「とんとんとん」

「なんのおと」

「きがゆれるおと」

「あーよかった」

「とんとんとん」
「なんのおと」

「おばけのおと」

キャー

どんどん広がる！アレンジ

「○○の音！」 3・4・5 歳児

ゆきのおと　　シュシュシュ

● ❺で鬼が「○○のおと」をいろいろ考えたり、❹で子が「はをみがいてシュシュシュ」や「てをあらってピカピカピカ」など、生活の場面を増やしても楽しいです。

実録！ 子どもの育ち＆イキイキ体験

遊んだときの子どもの姿から…

★ 鬼をムシャムシャ食べたり歌詞に合わせてしぐさをしたりするのが大好きです。「あぁ、よかった」では本当に安心した表情が見られます。

★ 鬼は知恵を働かせていつ「おばけのおと！」と言おうか…と、みんなのようすをうかがいながら問答を増やしたり減らしたりします。

★ 3歳児は4、5歳児をまねて問答やしぐさを覚えていきます。

15 鬼ごっこ 定番 デンつき鬼

0 1 2 **3 4 5** 歳児

子どもも保育者も！楽しくなるヒ・ミ・ツ！
導入の環境づくり・ことばがけ

「待て～待て待て～」まずは保育者が鬼になって追いかけると子どもは逃げます。「つーかまえた！」も楽しんでやりましょう。場所が広すぎるとおもしろくないので、適当な広さを決めておくとよいでしょう。

遊び方
1. 鬼をひとり決め、鬼は10まで数えその間に子どもたちは逃げます。
2. 鬼が子どもの体にデン（タッチ）すると鬼は交代します。

実録！子どもの育ち＆イキイキ体験
遊んだときの子どもの姿から…
★ ルールが簡単。遊びをおもしろくしようと鬼に近づいていったり、「ここまでおいで」とはやしたりする姿があります。
★ 3歳児も4、5歳児に混ざって楽しむ姿があります。

どんどん広がる！アレンジ

待て待て 0・1・2歳児

● トコトコ小走りできるようになったら保育者が、「待て待て」と子どもを追いかけて捕まえてあげましょう。

すわり鬼 3・4・5歳児

● 捕まる前にしゃがむとセーフ。ただし、鬼が10数えるまでに立ち上がり、逃げなければ鬼になります。

---

16 鬼ごっこ いっしょに 手つなぎ鬼

0 1 2 **3 4 5** 歳児

子どもも保育者も！楽しくなるヒ・ミ・ツ！
導入の環境づくり・ことばがけ

「隣の友達と手をつないでみようか」「いっしょに走ろう！」「待てー」というところから始めましょう。いっしょに走るのが楽しくなりますよ。そして、鬼がどんどん増えていきます。「次は○○ちゃんを捕まえるよー！」

遊び方
1. 鬼をひとり決め、子どもにタッチします。
2. 鬼に捕まった子どもは、鬼と手をつなぎます。どんどん鬼が増えていきます。

実録！子どもの育ち＆イキイキ体験

遊んだときの子どもの姿から…
★ 鬼同士、走るスピードを気づかいながら追いかける一体感があります。

どんどん広がる！アレンジ

分裂！ 3・4・5歳児

● 4人になったら2人ずつに分かれます。走りやすくなり、遊びがより継続します。

囲んだらオニ！ 3・4・5歳児

● 連なった鬼は、逃げる子どもを囲みます。

17 鬼ごっこ 色を探そう 色鬼

0・1・2 **3・4・5** 歳児

子どもも保育者も！楽しくなるヒ・ミ・ツ！
導入の **環境づくり・ことばがけ**

ふだんの生活の中で、保育者が「○○は△△色だね」「□□といっしょだね」と、言葉に出しながら伝えていきましょう。色への興味が出てきたころ、存分に楽しめる遊びです。

遊び方
1. 鬼をひとり決めます。
2. ほかの子どもが「いろいろなーにいろ？」と言います。
3. 鬼は好きな色を決めて言い、すぐに10まで数えます。
4. 子どもたちは言われた色のものを探して触ります。
5. 鬼は触っていない子どもを見つけてタッチします。

実録！子どもの育ち＆イキイキ体験 遊んだときの子どもの姿から…
★ 周囲にある遊具だけでなく、花壇の植物、自分や友達の服など必死に探しています。
★「とうめい」と言ってガラスや空気などを触る5歳児もいます。

どんどん広がる！アレンジ

みんなでタッチ 1・2・3歳児

● 保育者が「○○色」と言って、みんなでいっしょに触りに行きましょう。

まぜまぜ色鬼 4・5歳児

あかとしろ！(＝ピンク)　きいろとあお！(＝みどり)
●「赤と白を混ぜた色」など、2色を混ぜた色に挑戦！ちょっと考える時間が楽しいです。色水や絵の具遊びを経験していると楽しく遊べます。

18 鬼ごっこ 変身〜 こおり鬼

0・1・2 **3・4・5** 歳児

子どもも保育者も！楽しくなるヒ・ミ・ツ！
導入の **環境づくり・ことばがけ**

「かたまっちゃった。だれか助けて！」このことばがけでルールが伝わりやすくなります。場所が広すぎるとおもしろさが薄れるので、逃げる範囲を決めておいたほうがよいでしょう。

遊び方
1. 鬼をひとり決めます。
2. 鬼にタッチされると体がこおって動けません。
3. 仲間にタッチされたら氷が溶けて動けるようになります。
4. 人数が多いときは、鬼を増やすとよいでしょう。

実録！子どもの育ち＆イキイキ体験 遊んだときの子どもの姿から…
★ こおる、溶ける、という変化を楽しんでいます。
★ 鬼はあちこち目配りが必要なので大忙しです。

どんどん広がる！アレンジ

くぐるとOK！ 4・5歳児

● こおった子どものまた下をくぐると溶ける、というルールにするとスリルが出ます。

バナナになれ 3・4・5歳児

● 鬼にタッチされたら、バナナになります。仲間にバナナの皮をむいてもらったら、また復活します。

19 鬼ごっこ　ギリギリ届くかな？
ひょうたん鬼

0 1 2 **3 4 5** 歳児

子どもも保育者も！楽しくなるヒ・ミ・ツ！
導入の環境づくり・ことばがけ

ひょうたんの中は、安全地帯です。初めは保育者が鬼になって楽しみましょう。ひょうたんの細かさかげんが楽しさのポイントです。

遊び方
1. 水線（白線）でひょうたんを描きます。
2. 鬼をひとり決め、ひょうたんの外から中にいる子どもをタッチします。線は踏まなければ跳び越えてもよいでしょう。
3. タッチされた子どもは鬼になります。

実録！子どもの育ち＆イキイキ体験　遊んだときの子どもの姿から…
★わざと線ギリギリに逃げたり、手を出してみたり、鬼をはやし立てたりスリルを楽しむ姿が見られます。

どんどん広がる！アレンジ

ひょーーたん鬼　3・4・5歳児

● 細長いひょうたんにしてみましょう。細い所を通るときはスピード勝負です。

クラゲ鬼　3・4・5歳児

● 細いところをいくつか作って、子と鬼の駆け引きを楽しみましょう。

---

20 鬼ごっこ　鬼のすきをねらって❶
島　鬼

0 1 2 **3 4 5** 歳児

子どもも保育者も！楽しくなるヒ・ミ・ツ！
導入の環境づくり・ことばがけ

まずは、「あっちの島へ移るよ、それー」と、行ったり来たりを楽しみます。そして、初めは保育者が鬼になって、「島にうつるときに、捕まえちゃうよ！」と遊びます。島から島へ、「オニさんおいで」

遊び方
1. 中心になる島を描き、その周りにいくつかの小さな島を描きます。
2. 鬼をひとり決め、大きな島に子どもたちが集まりスタート。捕まったら鬼。鬼は増えていきます。

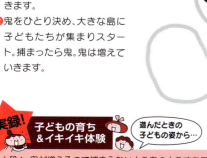

実録！子どもの育ち＆イキイキ体験　遊んだときの子どもの姿から…
★段々、鬼が増えるので捕まらないよう鬼のようすを見ながら島から島へ移り、スリルを楽しんでいます。

どんどん広がる！アレンジ

待て待て、ぎゅー　0・1・2歳児

● 保育者が鬼になり、島に入ったらぎゅうっと抱き締めて遊びます。

島が遠いよー　3・4・5歳児

● 島と島の間を広げてみましょう。保育者が「鬼のすきをねらって」「できるだけ速く走ろう」などと言葉をかけて遊びを盛り上げましょう。

21 鬼ごっこ — 鬼のすきをねらって❷

丸十鬼

0 1 2 3 **4 5** 歳児

子どもも保育者も！楽しくなるヒ・ミ・ツ！
導入の**環境づくり・ことばがけ**

ちょっと高度な鬼ごっこ。スリル満点です。丸の大きさがポイント。大きくしすぎないほうがおもしろいです。

遊び方
1. 鬼をふたり決めます。
2. 鬼は丸の中の十文字の道しか通れません。
3. 子どもたちは丸の中を逃げます。跳び越えてもよいです。
4. 捕まった子どもは丸の外に出ます。

鬼の通れるゾーン

実録！ 子どもの育ち&イキイキ体験 遊んだときの子どもの姿から…
★ じっとしていてはダメ！ どのゾーンに逃げようか周囲に目を配り、考えながら逃げるのが楽しいようです。

どんどん広がる！アレンジ

もっとジャンプ！ 4・5 歳児

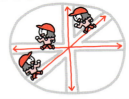

● 「十」を太くしてみましょう。子はジャンプが必要です。鬼はそのスキに…。

鬼の道を増やそう 4・5 歳児

● 鬼の通る道を増やしてみましょう。子のスペースは狭くなりますが、鬼の行ったり来たりが増えスリル満点です。

---

22 鬼ごっこ — ジャンケン

うずまき鬼

0 1 2 **3 4 5** 歳児

子どもも保育者も！楽しくなるヒ・ミ・ツ！
導入の**環境づくり・ことばがけ**

保育者が園庭に渦巻きをグルグル描くと、子どもたちは歩きだします。「出会ったところでジャンケンポン」「陣地を守れ！」初めは、幅の太い緩やかな渦にしましょう。細すぎると目が回りますよ。

遊び方
1. ふた組に分かれ、スタート。
2. ぶつかったところでジャンケン。
3. 勝ったら進み、負けたら次の人と交代します。

実録！ 子どもの育ち&イキイキ体験 遊んだときの子どもの姿から…
★ 「かった」「まけた」と大きな声で仲間に知らせます。最後まで自分たちの陣地に入れさせまいとギリギリまで必死でがんばっています。

どんどん広がる！アレンジ

来た道をグルグル 3・4・5 歳児

● 負けたとき、来た道を戻って次の人に交代します。早く戻らないと、どんどん進むので大慌て！

宝物を守れ 3・4・5 歳児

● 各々のスタート地点に宝になる物を置きます。相手の宝をたくさん取ったほうが勝ちです。

23 オオカミと子ブタ

鬼ごっこ / 追いかけっこ / フーフのフー　　0 1 **2 3** 4 5 歳児

子どもも保育者も！楽しくなるヒ・ミ・ツ！
導入の環境づくり・ことばがけ

「三びきのこぶた」のお話をもとにごっこ遊びふうにすると、逃げたり、追いかけたりが楽しくなります。捕まりそうになると安全地帯（フープ）に逃げるというルールを加えるといっそう楽しくなります。

遊び方
1. 保育者がオオカミになり「フーフのフー」を合図に子ブタは、フープ（ロープ、白線など）に逃げます。
2. 保育者は、子どものようすを見ながら追いかけ、捕まえていきます。

実録！ 子どもの育ち＆イキイキ体験
遊んだときの子どもの姿から…
★ 捕まえようとする保育者に、「おおかみかえれー」「ここはれんがのおうちだよ」などと言葉のやりとりをしながら逃げたり、友達といっしょに安全地帯（フープなど）に駆け込んだりして楽しむ姿がありました。

どんどん広がる！アレンジ

フーフの…？ 2・3歳児

● 最後の「フー」を大きくしたり、小さくしたりして、変化をつけてみましょう。子どもたちの逃げ方も変わりますよ。

子ブタがフーフ 2・3歳児

● 子ブタがフーフしてみましょう。子どもたちみんなでオオカミを吹き飛ばせるかな？

---

24 しっぽ取り

鬼ごっこ / 追いかけっこ　　**0 1 2** 3 4 5 歳児

子どもも保育者も！楽しくなるヒ・ミ・ツ！
導入の環境づくり・ことばがけ

子どもたちの走るスピードに合わせて追いかけたり、逃げたりしましょう。最後はみんながしっぽを付けてかけっこしましょう。

遊び方
1. 保育者が子どもの人数より多くの数のしっぽを腰に付け、子どもが追いかけて取ります。
2. 子どもが腰にしっぽを付け、保育者が追いかけて取ります。

実録！ 子どもの育ち＆イキイキ体験
遊んだときの子どもの姿から…
★ 保育者のしっぽを取ったり、自分のを保育者に取ってもらったり、追いかけたり、逃げたりを楽しんでいます。

どんどん広がる！アレンジ

陣地を決めて 3・4・5歳児

● 逃げる範囲の陣地を決めると、スリル満点！しっぽを取られたら、陣地の外に出ます。

しっぽがたくさん！ 4・5歳児

● たくさんしっぽを作り、カゴに入れておきます。しっぽを取られたら、カゴからしっぽを取って付け、またゲームに戻ります。

25 鬼ごっこ　2チームに分かれて　ケイドロ

0 1 2 3 **4 5** 歳児

子どもも保育者も！楽しくなるヒ・ミ・ツ！　導入の環境づくり・ことばがけ

逃がすまいとする警察と仲間を助けようとする泥棒の駆け引きがおもしろいです。役になり切って遊びましょう。

遊び方

1. ろう屋を決めておき、警察と泥棒に分かれます。
2. 警察にタッチされた泥棒はろう屋に入ります。
3. ろう屋の前には見張りの警察がいて、ろう屋に入っている泥棒は仲間にタッチされると復活します。

実録！子どもの育ち&イキイキ体験　遊んだときの子どもの姿から…

★ろう屋になる場所を園庭の真ん中にしたり、端にしたりして工夫しながら、警察と泥棒の駆け引きを楽しんでいます。

どんどん広がる！アレンジ

宝物を取り返せ！　5歳児

- 宝物（玉入れの玉など）を5個用意します。泥棒は宝物を手に持って逃げ、警察は宝物を取り返すのが目的です。泥棒は宝物を仲間に渡してもOK。警察は玉を持っている泥棒を捕まえて、ろう屋に入れます。泥棒は警察から逃げきれるかな？
- 陣地をジャングルジムにしても楽しいです。

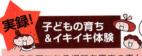

26 鬼ごっこ　手切り鬼　さいしょの一歩

0 1 2 **3 4 5** 歳児

子どもも保育者も！楽しくなるヒ・ミ・ツ！　導入の環境づくり・ことばがけ

「鬼にばれないようにね」「ソロリソロリ」「タッタカタッタカ」いろんな近づき方を保育者がしてみましょう。「あっ！　うごいちゃった」と見られたことにも楽しみを感じていきます。

遊び方

1. 鬼をひとり決め、鬼の「さいしょのいっぽ」でみんなは一歩踏み出し、鬼は「ダルマさんが」と唱えます。
2. 「ころんだ」で鬼が振り向いたときに、動いているのが見つかった子どもは鬼と手をつなぎます。
3. 仲間が鬼とつないでいる手を切ったら逃げ、鬼はすぐ「とまれ」と言います。
4. 鬼は近くの子どもからタッチします。三歩まで歩けます。タッチされた子どもの中から次の鬼を決めます。

実録！子どもの育ち&イキイキ体験　遊んだときの子どもの姿から…

★仲間を助けようと素早く動く子ども、捕まるのがいやでソロリソロリ動く子ども、最初から逃げる態勢の子ども、地面にはってタッチする鬼、ルールをつくりながら色んな楽しみ方をしています。

どんどん広がる！アレンジ

リズムを変えて　4・5歳児

- 「だ～るまさんが～こ～ろんだ！」と、リズムをゆっくりしたり、速くしたりして変化をつけるとスリル満点です。

ダルマさんが…　3・4・5歳児

- 「ダルマさんが…バンザイ！」「ダルマさんが…片足！」など、止まる動作を変えていくのも楽しいです。

〇〇さんが…　3・4・5歳児

- 「ウサギさんが転んだ」でウサギのポーズになったりなどしても楽しいです。

冬ならではの自然　ひんやりとした空気　全身で感じる　0 1 2 3 4 5 歳児

27 冷たいところ探し

子どもも保育者も！楽しくなるヒ・ミ・ツ！ 導入の環境づくり・ことばがけ

寒い日こそ、チャンス！ 保育者が率先して戸外に出て、全身でひんやりとした空気を感じて、深呼吸をしてみましょう。そして、子どもたちの言葉に耳を傾け、しっかりと受け止めながら、ひんやり感を共有していきます。

遊び方
1. 保育者といっしょに、ひんやりとした雰囲気を感じて、深呼吸します。
2. 感じたことを言葉で表現してみましょう。
3. 自分の体の冷たいところを探しましょう。

実録！ 子どもの育ち＆イキイキ体験　遊んだときの子どもの姿から…

★戸外に出ると「さむい！」と身を縮めますが、保育者のまねをして深呼吸をし、冷たい空気を全身で感じ取っていました。
★「さむい！」「れいぞうこみたいやね」「あっ、つめたいくうきがからだのなかにはいってきた」と友達と楽しそうに対話していました。
★手、鼻の先、耳たぶ、ほっぺ…冷たいところを見つけて友達と伝え合っていました。

どんどん広がる！アレンジ

どっちが冷たい？　1・2・3 歳児

●友達と手のひらを合わせて、冷たさ比べをしても楽しいです。

冷たいかな？　3・4・5 歳児

●地面、壁、遊具、木、石など、身の回りのものも触って試してみましょう。

冬ならではの自然　声を出して　体を動かして　0 1 2 3 4 5 歳児

28 寒くても、あったかい！

子どもも保育者も！楽しくなるヒ・ミ・ツ！ 導入の環境づくり・ことばがけ

戸外で寒さを実感すると、子どもたちは、手に「ハアーッ！」と息を吹きかけたり、両手をこすり合わせたりし始めます。
そんな姿を見逃さずに保育者もいっしょにやってみながら、「あったかーい！」を共感しましょう。

遊び方
1. 両手を口に当てて、「ハアーッ！」と息を吹きかけます。
2. 自分の体をこすってみましょう。
3. 友達と、互いの体をこすり合いましょう。

実録！ 子どもの育ち＆イキイキ体験　遊んだときの子どもの姿から…

★「あったかーい！」を実感しながら繰り返し、息を吹きかけていました。
★手、首、顔、おなか、背中、おしり、足…と次々にこすってみると、体が温まり、動きが大きくなっていきます。
★友達と、こすり合いから、くすぐりっこに発展して、さらに動き、大きな声を出して楽しんでいました。

どんどん広がる！アレンジ

体が温まってくると、もっと体を動かしてみましょう。

回して、回して　0・1・2・3・4・5 歳児

●首、手首、足首、ひざ、うで、肩、そしておしりも…いろいろなところを回してみましょう。温かくなりますよ。

ハイ、ポーズ！　2・3・4・5 歳児

●その場で走る→合図で止まっていろいろなポーズをします。

※声をかけながら、歌をうたいながら、音楽をかけて体を動かすと、楽しさが増します。

冬ならではの自然　太陽のあたたかさ　全身で感じる　0 1 2 3 4 5 歳児

29 "ひだまり"でポカポカ

子どもも保育者も！楽しくなるヒ・ミ・ツ！ 導入の環境づくり・ことばがけ

『てのひらをたいように』（作詞/やなせたかし 作曲/いずみたく）を元気良く歌いながら両手を太陽に向けると、「あっ！」子どもたちから驚きや喜びの言葉が次々に飛び出してきます。大切に受け止めましょう。

遊び方
1. 太陽の暖かさを感じましょう。
2. いろいろなところを触りながら、暖かいひだまり探しをしましょう。
3. ひなたと日陰の違いについて話しましょう。

実録！子どもの育ち&イキイキ体験　遊んだときの子どもの姿から…

★ 太陽に向かって立ち、「まぶしい！」と手をかざしたり、「あたたかい！」と熱を感じたりしていました。その後、背中で太陽の光を受けて、温まっていました。

★ ひなたと日陰で、地面や遊具などを触ってみて、明るさや温度の違いに気づき、友達と伝え合っていました。

どんどん広がる！アレンジ

ひなたぼっこ 0・1・2・3・4・5歳児

● 体をいっぱい動かした後は、ひだまりでゆったりと"ひなたぼっこ"。ポカポカと気持ち良いですよ！

ゆったりごっこ遊び 2・3・4・5歳児

● ひだまりでゆったりとごっこ遊びなどが楽しめるように、子どもたちといっしょに環境を整えましょう。

冬ならではの自然　白い息で遊ぼう　0 1 2 3 4 5 歳児

30 「あっ、けむりがでた！」

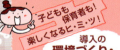

子どもも保育者も！楽しくなるヒ・ミ・ツ！ 導入の環境づくり・ことばがけ

寒い日の日陰で「あっ、けむりがでた！」と、息の白さに気づいた子どもたち。「ほら、見て！」と、何度も息を吹いて、保育者や友達に知らせます。子どもの気づきに共感し、興味や関心を探りながらいっしょに楽しみましょう。

遊び方
1. 思い思いに息を吐いてみます。
2. 友達と見せ合いましょう。
3. 比べてみましょう。

実録！子どもの育ち&イキイキ体験 **遊んだときの子どもの姿から…**

★ 口の開け方や息を吹く強さなどに工夫しながら、繰り返し試していました。

★ 周りの子どもたちを見て、自分も「みてみて」といろんな息の吐き方を試していました。

★ 「どうしてしろいいきができるの？」と不思議に思って考え合っていました。

どんどん広がる！アレンジ

うたってみよう 0・1・2・3歳児

● 『ゆげのあさ』（作詞/まど・みちお 作曲/宇賀神光利）の歌をうたうと遊びが盛り上がりますよ。

ふしぎ、ふしぎ 3・4・5歳児

● 「しろいのはゆげ？」「ゆげは、あついおしるからでるよ」「うん、おなべからも」… 自分のほっぺを触ってみて「わたし、あつくないよ？？」「ふしぎ！」
子どもたちの気づきを受け止めていっしょに考えてみましょう。

冬ならではの自然 冬のおさんぽ

31 冬の名所をつくろう！

0 1 2 3 4 5 歳児

子どもも保育者も！楽しくなるヒ・ミ・ツ！

導入の環境づくり・ことばがけ

お散歩に出かける機会をつくりましょう。子どもたちと、冬の自然を楽しみながら冬の名所づくりをすることで、寒くても興味を持って出かけられますよ。冬ならではの発見があるはずです！

遊び方

1. いつものお散歩コースを歩きます。
2. 冬の自然を実感しましょう。
3. 気づいたことを伝え合い、名前を考えていきます。

どんどん広がる！アレンジ

"冬の名所"マップ 4・5歳児

- 子どもたちといっしょにおさんぽマップを作り"冬の名所"を書き込んで、よく見えるところにはっておきます。

- マップを見ながら友達と話したり、繰り返し散歩に出かけて、新たな名所を作ったり…どんどん遊びは展開していきます。

実録！子どもの育ち＆イキイキ体験

遊んだときの子どもの姿から…

★「うわぁ、ここはかぜがすごーい！」と、『北風小僧の寒太郎』(作詞/井出隆夫 作曲/福田和禾子)を歌い、「そうや、ここは、"カンタロウのみち"や！」「ほんとや！」

★日陰の水たまりで氷を見つけると「スケートできるかな！」と言って滑ってみて、「ここは"スケートじょう"」

★冬鳥が見られる所では「あっ、カモや！」「いっぱいおよいでる」「ここは、"カモがわ"やな」

★ひだまりがあって、暖かい公園は「あったかーい！」「ひなたぼっこしよう！」「うん"ひなたぼっこうえん"だいすき！」

冬ならではの自然 — 霜で遊ぼう

32　雪？"霜"やで！

0 1 2 3 4 5 歳児

子どもも保育者も！楽しくなるヒ・ミ・ツ！
導入の環境づくり・ことばがけ

霜が降りていたら、機会を逃さず、朝の早い時間帯に園庭に出てみましょう。子どもたちが霜に気づく姿を大切に受け止めながら、美しさや不思議さをともに楽しみましょう。

遊び方
1. 霜を見つけたら、よく見てみましょう。
2. そっと、触ってみましょう。
3. ほかのところにも霜があるか、探してみましょう。

実録！子どもの育ち＆イキイキ体験
遊んだときの子どもの姿から…

- ★「あっゆき？」「しもやで！」「キラキラしてきれい！」と大喜び。その声を聞き「えっ、どこ？」とほかの子どもたちも集まってきました。
- ★指先でそっと触ると、みるみる溶けて水にかえり、残念がっていました。
- ★「あっ、はたけにもしもはっけん！」「ジャングルジムにも…」と、いろいろな場所に霜を見つけて、友達と伝え合っていました。

どんどん広がる！アレンジ

雪の結晶みたい！　4・5歳児

- 虫メガネで拡大してみると…どんな形に見えるかな？

霜を集めよう　3・4・5歳児

- 手の熱が伝わると、すぐに溶けてしまうので、落ち葉や小枝などを使って集めてみましょう。

冬ならではの自然 — 霜柱で遊ぼう

33　土の中に氷がある！

0 1 2 3 4 5 歳児

子どもも保育者も！楽しくなるヒ・ミ・ツ！
導入の環境づくり・ことばがけ

毎朝、園庭を探索しましょう。よく冷え込んだ朝は、霜や霜柱、氷など冬ならではの自然が楽しめます。保育者は前もって見つけておいて、「あれ？何の音かな？」など、きっかけづくりをしましょう。

遊び方
1. 保育者が、霜柱ができているところを歩いてみます。
2. 音に気づいた子どもが耳を傾けたり、まねをして歩いたりします。
3. 霜柱を探しましょう。

実録！子どもの育ち＆イキイキ体験
遊んだときの子どもの姿から…

- ★ザックザックと音がしたり、足の裏の感触の違いを感じたりしながら、繰り返し地面を踏み締めていました。
- ★土の中に霜柱を見つけると「あっすごーい、つちのなかにこおりがあるよ！」と驚き、「どうして？」とその不思議さに興味を持っていました。

どんどん広がる！アレンジ

くらべっこ　3・4・5歳児

- いろいろな場所にできている霜柱を見つけて比べてみましょう。

針みたい！　4・5歳児

- 土といっしょに手のひらに乗せて、虫メガネで見てみましょう。

※陽がさしてくると、霜柱は溶けて、土がベチャベチャに…。溶けて土にしみた水は、明日の朝ふたたび霜柱になるのでしょうか？

冬ならではの自然 氷で遊ぼう

0・1・2・3・4・5歳児

34 レッツゴー、氷探し

子どもも保育者も！楽しくなるヒ・ミ・ツ！
導入の環境づくり・ことばがけ

気温が下がり氷ができることが予測される日は、水を入れた容器をいろいろな所に置いておきましょう。翌朝、子どもたちは氷を発見して大喜び！ さあ、そこから氷探しが始まります。保育者は子どもたちの驚きや喜びを逃さず、しっかりと受け止めていきましょう。

遊び方
1. 園庭で氷探しをしましょう。低年齢児は保育者といっしょに探してみましょう。
2. 見つけた氷を触って遊びましょう。
3. 大きさ、厚さ、形などを比べてみましょう。

どんどん広がる！アレンジ

どこで見つけたの？ 4・5歳児

- 十分に氷探しを楽しんだ後、どこで見つけたか？ みんなで話し合いましょう。そして、園庭マップに書き込みます。
- マップを見ながら、まだ探していないところを探してみましょう！

見つけた氷で遊ぼう！ 3・4・5歳児

- 太陽に透かしてみよう！

- 石を落とすなどして、割ってみよう！

- 厚さを比べてみよう！

- 滑らせてみよう！

実録！ 子どもの育ち＆イキイキ体験 遊んだときの子どもの姿から…

★ 足洗い場、花だんやプールの周りなどを思い思いに探し始めます。5歳児は、今までの経験から氷ができる場所を予測して探していました。

★「あっ、ツルツルや！」「もっととったらあながあいた！」「だんだんつめたくなってきた！」「てがいたい！」…と驚きや発見がいっぱいです。

★ ハボタンの葉の上に、小さくて丸い氷を見つけて「すごーい！ ちっちゃくてかわいいこおりみっけ！」「こっちにもあるよ！」「ここにも…」と大喜びで、たくさん集めていました。

35 冬ならではの自然　氷を作ろう

"氷"ができるかな？　0 1 2 3 **4 5** 歳児

子どもも保育者も！楽しくなるヒ・ミ・ツ
導入の環境づくり・ことばがけ

氷を見つけて遊んだ楽しさから、子どもたちの氷への興味や関心が高まってきました。自分たちで考え、試しながら氷作りができるように、さまざまな材質や大きさの容器（プラスチックより、空き缶(広口)、アルミ製トレーなどのほうが冷えやすいよ！）を用意します。どんな氷ができるか？ 保育者も子どもたちといっしょに期待して待ちましょう。

遊び方
1. 好きな容器に水を入れます。
2. 氷ができそうな場所を考えて置きましょう。
3. 翌朝…できた氷で遊びます。

実録！ 子どもの育ち&イキイキ体験　遊んだときの子どもの姿から…

- ★「わたしは、おおきいこおりをつくりたい！」「まるいかたちのこおり、できるかな？」などと友達と話しながら、好きな大きさや形の容器を選んでいました。
- ★翌日、氷ができていることを期待しながら、思い思いの場所に水を入れた容器を置いていました。
- ★翌朝、登園するとすぐに氷ができているのか？ 確認です。よく見て「どうかな？」と、ドキドキしながら触ってみて…大喜びしたり残念がったりしていました。

どんどん広がる！アレンジ

今度はどんな氷を作ろう？　4・5歳児

● 容器の形や大きさ、置く場所などを工夫しながら繰り返し試してみましょう。

"はっぱ氷"ができるかな？　3・4・5歳児

● 落ち葉、小枝、小石などの自然物、色紙や毛糸などの素材を入れたらどうなるかな？

---

36 冬ならではの自然　雪で遊ぼう

"雪"を全身で楽しもう！　**0 1 2 3 4 5** 歳児

子どもも保育者も！楽しくなるヒ・ミ・ツ
導入の環境づくり・ことばがけ

雪が降り始めると、子どもたちは何をしていてもすぐに気づいて窓の外をのぞき込みます。♪「ゆきやこんこ…」『雪』（文部省唱歌）と歌ったり、「もっとふれー」「つもれー」「ゆきだるまつくりたい！」と友達と楽しそうに対話をしたりしています。今がチャンス！ 予定を変更して戸外に出ましょう！

遊び方
1. 雪とおいかけっこをしましょう。
2. 雪を体で受け止めましょう。
3. よく見てみましょう。

実録！ 子どもの育ち&イキイキ体験　遊んだときの子どもの姿から…

- ★「やったぁ！」と、張り切って戸外へ。さっそく園庭を走り回り、立ち止まっては空を見上げて、雪の降るようすを見る、顔や手のひらで雪を受け止める…など、思い思いに"雪"を全身で感じています。
- ★服や髪の毛に付いた雪に気づいて、友達と知らせ合ったり、触ってみたりして楽しんでいました。

どんどん広がる！アレンジ
息で溶かさないように気をつけて

あっ、ろっかくけい！　4・5歳児

● 虫メガネで見ると、ひとつひとつ形が違う雪の結晶が見えるかな？ 色の濃い服や画用紙の上に乗せるとよく見えます。

"雪玉"を作ろう　2・3・4・5歳児

● 積もった雪を集めてみると…"雪玉"ができるかな？ 小さな小さな雪玉でも2つ合わせると、ミニ雪だるまのでき上がり！

身近なもので遊ぼう ポリ袋 風と遊ぼう

0・1・2・**3・4・5**歳児

37 風をつかまえよう

子どもも保育者も！楽しくなるヒ・ミ・ツ！

導入の環境づくり・ことばがけ

あっち向いたり、こっち向いたりして、今日はどっちから風が吹いてくるのか探してみましょう。風が吹いて来る方向を風上、風が吹いて行く方向を風下といいます。

遊び方

● いろいろな大きさのポリ袋やスーパーの袋で風を捕まえます。

実録！子どもの育ち&イキイキ体験

遊んだときの子どもの姿から…

★ 袋が膨らむのが楽しくてどんどん走っています。
★ シャカシャカ、ビューンビューンなどの、音も楽しんでいました。
★ 年少児も、年長児と同じように遊べるのがうれしくて、寒くても園庭を走り回って遊びます。

どんどん広がる！アレンジ

かんたんだこ　2・3・4・5歳児

● ポリ袋に子どもが絵を描きます。スズランテープの足とたこ糸を付けてでき上がり。
※たこ糸の先にヘアーゴムを付けて、子どもの手が入るようにすると遊びやすいです。

ふくらむよー　2・3・4・5歳児

● レジ袋の底にスズランテープを付けるだけで、スズランテープがなびく動きや音も楽しめますよ。

レジ袋だこ　2・3・4・5歳児

● レジ袋にたこ糸を結ぶだけで簡単だこのでき上がり。

風さんキャッチ　2・3・4・5歳児

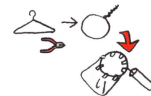

● ペンチでハンガーの形を変え、ポリ袋をセロハンテープではり付けます。ラップの芯に通して留めます。

つかまえた風でふくらませてみよう　3・4・5歳児

トイレットペーパー芯などでつなぐ。

● 捕まえた風をおしりで押したりして遊んでみましょう。

身近なもので遊ぼう　布　風と遊ぼう

38　ひらひら、風に乗って

0 1 2 3 4 5 歳児

子どもも保育者も！楽しくなるヒ・ミ・ツ！
導入の環境づくり・ことばがけ

布1枚あるだけで楽しさが広がっていきます。風に乗ってヒラヒラ、バサバサ！布またはカラーポリ袋でもいいです。まずは、保育者が風になびかせて、きっかけをつくるといいですね。

遊び方
1. 布またはカラーポリ袋の角を両手で持ちます。
2. 風になびかせながら、走ったり、バサバサあおいだりしても楽しいです。

実録！子どもの育ち＆イキイキ体験　遊んだときの子どもの姿から…
- ★布で風を受けて、さらに風の抵抗を楽しんでいます。
- ★バサバサっという音も心地良く感じています。素材によって音に違いがあるのも楽しんでいました。
- ★ハンカチやジャンパーなど、身近なものでも楽しんでいました。

どんどん広がる！アレンジ

いっしょにバサッ！　0・1・2歳児

● 子どもといっしょに片方ずつ持ってみるのもいいですね。

モモンガになって走ろう　3・4・5歳児

● 布が広がるようすは、モモンガみたいです。友達といっしょにモモンガごっこ！

身近なもので遊ぼう　わらべうた　布

39　ゆすらんかすらん

0 1 2 3 4 5 歳児

子どもも保育者も！楽しくなるヒ・ミ・ツ！
導入の環境づくり・ことばがけ

色の鮮やかな布を使うことで子どもの跳びたい気持ちがより高まります。ゆったりとした気持ちで歌いましょう。

ゆすらんかすらん　わらべうた
ゆすらん かすらん たかいやま こえて
ひくいやま こえて あっぱっぱ

遊び方
1. 2、3歳児と4、5歳児がペアになって手をつなぎ、輪になります。
2. 保育者は歌いながら、ふたりが通れる長さのきれいな布（スカーフなど）で門を作り、「あっぱっぱ」で地面に下げます。
3. 子どもは「あっぱっぱ」で細くしたスカーフを跳び越えます。

実録！子どもの育ち＆イキイキ体験　遊んだときの子どもの姿から…
- ★両足跳びができるようになった2歳児は、跳びたくてうずうずしています。4、5歳児に手をつないでもらって、輪になってみんなと遊ぶ楽しさを味わっています。

40 身近なもので遊ぼう　ポリ袋　羽根突き
ポンポン羽根突き

0 1 2 3 4 5 歳児

子どもも保育者も！楽しくなるヒ・ミ・ツ！
導入の環境づくり・ことばがけ

おもりが付いているからとっても遊びやすいですよ。保育者がひとつ作って、遊んで見せましょう。

遊び方
手でついて遊びます。ふたりで、足で、なども楽しいです。

作り方
材料：薄めのポリ袋、ひとくちサイズのゼリーの空き容器
1. ポリ袋に空気を入れて口をしばります。
2. 油性フェルトペンで絵を描きます。
3. ゼリーの空き容器をしばった部分にかぶせ、セロハンテープで留めて羽根を作ります。

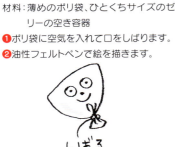

どんどん広がる！アレンジ

キャッチできるかな？　0・1・2歳児
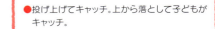

● 投げ上げてキャッチ。上から落として子どもがキャッチ。

大きなポリ袋で作ってみよう　3・4・5歳児
● 大きなポリ袋でも作ってみましょう。おもりはヨーグルト容器などを使うといいでしょう。

羽根突きしてみよう　3・4・5歳児

● 発泡トレーをラケットにして、羽根突きみたいに打ち合いをしてみましょう。

実録！子どもの育ち＆イキイキ体験
遊んだときの子どもの姿から…
★ まっすぐ下に落ちてくるのでつきやすくてうれしそうです。
★ 足や頭、おしりなどいろんなところでも「ついた！！」と大喜びです。

41 身近なもので遊ぼう　段ボール　羽根突き

羽根突き

0 1 **2 3 4 5** 歳児

子どもも保育者も！楽しくなるヒ・ミ・ツ！
導入の環境づくり・ことばがけ

まずは、保育者が打って、遊んで見せましょう。

遊び方 打ち合って、遊びましょう。

作り方

〈ラケット〉

材料：段ボール

● 段ボールを持ちやすい大きさに切ります。

〈羽根〉

❶ 2枚重ねのティッシュペーパーを2枚にひきはがし、1枚を丸めてもう1枚の真ん中に置き、包みます。

❷ セロハンテープで留めて、てるてる坊主の形を作ります。

実録！子どもの育ち&イキイキ体験 遊んだときの子どもの姿から…

★ ティッシュペーパーの羽根が軽くてとても遊びやすいです。
★ ひとりでも友達とでも楽しんでいました。
★ 羽根を追いかけていたら体がポカポカしてきます。

どんどん広がる！アレンジ

羽根を風船に 2・3歳児

● 風船でやってみましょう。ゆっくりと動く風船は子どもにとっては打ちやすい羽根です。

的を目がけて 3・4・5歳児

● ジャングルジムにカラービニールテープで印を付けて、その的に目がけて打ってみましょう。

---

42 身近なもので遊ぼう　発泡トレー　羽根突き

ペッタンキャッチボール

0 1 2 **3 4 5** 歳児

子どもも保育者も！楽しくなるヒ・ミ・ツ！
導入の環境づくり・ことばがけ

初めは、子どもに投げてもらって保育者がキャッチしましょう。子どもも「やってみたい」となりますよ。

遊び方 ボールをキャッチして遊びます。

作り方　〈ラケット〉

材料：発泡トレー（子どもの手の大きさに合わせる）、封筒、クラフトテープ

❶ 封筒を1/3ほど輪切りに切り、発泡トレーの裏にセロテープで留めます。

❷ クラフトテープを逆に巻いて発泡トレーの表の中央にくっつけます。

（表）（裏）

クラフトテープを逆に巻いて発泡トレーの中央にくっつける。

〈ボール〉

❶ ポリ袋に果物ネットやティッシュペーパーを丸めて入れます。

❷ セロハンテープを巻いて、ボールの形に整えます。

実録！子どもの育ち&イキイキ体験 遊んだときの子どもの姿から…

★ 本物のグローブのようにボールをキャッチできるのが楽しいです。

どんどん広がる！アレンジ

どんどん高く！ 3・4・5歳児

● 高く投げ上げてキャッチしましょう。じょうずにできるかな？

両手でキャッチ！ 5歳児

● ラケットを両手に付けて、キャッチしてみましょう。

44 身近なもので遊ぼう　[玉入れの玉] [投げる]　0 1 2 3 4 5 歳児

それ！入るかな？

子どもも保育者も！楽しくなるヒ・ミ・ツ！
導入の環境づくり・ことばがけ

まずは保育者がカゴを背負いましょう。
子どもの動きを見ながら、はじめは入れやすいように動くといいでしょう。

遊び方

❶ カゴにひもを付けて、背負います。

❷ 追いかけて、玉入れの玉を入れましょう。

実録！子どもの育ち&イキイキ体験
（遊んだときの子どもの姿から…）

★ カゴを追いかけるのがうれしくてどんどん走って遊びました。
★ 5歳児は、カゴ役を次々に交替してフェイントをかけたり、身軽に動いたりなど、駆け引きして楽しんでいました。
★ 0歳児は、楽しんで見ていました。

どんどん広がる！アレンジ

届くかな？　1・2・3 歳児

● カゴは子どもが背伸びをして届く位が達成感を得られ「もういっかいしよう」という気持ちになるようです。

こっちだよ！　3・4・5 歳児

● 保育者が上げたり下げたり、走りだしたりすると楽しいです。子どもに「なにかな？」と思わせ、走らせる動きをしましょう。

---

45 身近なもので遊ぼう　[空き箱] [積む]　0 1 2 3 4 5 歳児

運んで運んで、高く積もう

子どもも保育者も！楽しくなるヒ・ミ・ツ！
導入の環境づくり・ことばがけ

「いろいろな箱があるね。どの箱が好き？　集めてみよう」などのことばがけから、遊びを始めてみましょう。どんどん運んで、どんどん積んで…。

遊び方

❶ 大小いろいろな形の空き箱を広げて置きます。
❷ 箱を拾って、高く積みます。

実録！子どもの育ち&イキイキ体験
（遊んだときの子どもの姿から…）

★ 自分の背より高くなると、どうやると高く積めるか、考えていました。
★ 5歳児は上に積めなくなると、ふたりでいちばん下から持ち上げている間に、もうひとりが下に滑り込ませていました。

どんどん広がる！アレンジ

チーム対抗戦！　4・5 歳児

● チームに分かれて積んでいきます。どうやったら高く積めるかな？

お城を作ろう！　4・5 歳児

● 空き箱を積んでお城を作ってみましょう。ほかにも車や公園などいろいろなものを作ると楽しいです。

身近なもので遊ぼう 色画用紙&段ボール ゲーム 0 1 2 **3 4 5** 歳児

46

返して返して

子どもも保育者も！楽しくなるヒ・ミ・ツ！
導入の環境づくり・ことばがけ

保育者は、パネルを抱えて登場します。何が始まるかわからないと、子どものワクワクは膨らみます。今日は、どっちが勝つか！ 勝負だ!!

遊び方

準備：段ボールの表と裏に赤・白の画用紙をはり合わせたパネル20〜30枚

① 赤チームと白チームに分かれてパネルをひっくり返します。
② 時間を決めてストップしたときにパネルが数多く上に向いているチームが勝ち。

2まいがえしだ！

どっちにしよう？

ストップ!!
チームの色の
多いほうが
勝ち!!

どんどん広がる！アレンジ

鬼はどっち？ 4・5歳児

赤チーム！鬼だよ！

キャー
まてー！
にげろ〜

● 1枚のパネルを投げて上になった色のチームが鬼。相手のチームを追いかけて捕まえます。みんな捕まえたら、もう一度パネルを投げ鬼ごっこをします。

実録！子どもの育ち&イキイキ体験

遊んだときの子どもの姿から…

★ チーム対抗戦はみんなと気持ちをひとつにしてがんばります。勝ったときも負けたときも盛り上がって「もういっかいしよう」と楽しんでいました。

★ 3、4、5歳児が遊んだあと、2歳児がまねをして、パネルをひっくり返して楽しんでいました。

47 投げて投げて！どっちが勝ち？

身近なもので遊ぼう　ポリ袋　ゲーム　0 1 **2 3 4 5** 歳児

子どもも保育者も！楽しくなるヒ・ミ・ツ！
導入の**環境づくり・ことばがけ**

ゲームを始める合言葉は？
「さぁ！投げて投げて！ゲーム始まるよ！ドーン！」

遊び方

❶ ポリ袋に新聞紙を詰め込んで口を縛ります。（人数より多めに作る）
❷ 2つのチームに分かれて投げ合います。時間を決めてストップしたとき、少ないチームが勝ち。

どんどん広がる！アレンジ

3つのチームで 4・5歳児

● 3つのチームに分かれてゲームをしましょう。ストップで少ないチームが勝ちです。

大きさを変えて 4・5歳児

● 大きなビニール袋を使ったり、玉入れの玉にしたり、大きさを変えてみましょう。投げ方も変わり、楽しくなります。

最後に並べて数を数えます。

実録！子どもの育ち＆イキイキ体験

遊んだときの子どもの姿から…

★ 新聞紙を丸めて作るときから、ウキウキです。相手チームに必死で投げ入れ、投げ返されてもまた、負けずに投げ返して繰り返し遊んでいます。

48 作って遊ぼう｜ポリ袋｜風と遊ぼう｜たこあげ　0 1 2 3 **4 5** 歳児

インスタントダイヤだこ

子どもも保育者も！楽しくなるヒ・ミ・ツ！

導入の環境づくり・ことばがけ

ストローをはるだけのかんたんだこです。初めに保育者が作ったものを揚げて見せましょう。「あっ！おもしろい」「まてー」「つくってみたい！」と子どもたちの興味や意欲がわいてきますよ。

遊び方
走って揚げましょう。

作り方
材料：ポリ袋、曲がらないストロー2本、たこ糸

❶ 薄いポリ袋をダイヤの形に切ります。
❷ 表にはストローを縦にはります。
　ストローのわきはキチンとはります。
❸ 裏にはストローを横にはります。
❹ 指で反りを付けます。
　横から見ると
❺ 表に糸としっぽを付けます。

実録！子どもの育ち＆イキイキ体験
遊んだときの子どもの姿から…

★ 風が吹くと簡単に揚がりますが、風がないときは、一生懸命走って揚げています。
★ 飛んでいるところは、なかなか自分で見られないので、友達同士で、「とんでる！とんでる」「はしって」など、声をかけ合いながら楽しんでいます。

どんどん広がる！アレンジ

大きさを変えてみよう！ 4・5歳児

ストローは折れないように、一方の中に入れ、ビニールテープで留める。

● ストローを2本つなげたり、ポリ袋の大きさを変えたりして、大きいものを作ってみましょう。

絵を描いてみよう 4・5歳児

● 自分で絵を描くことで、より愛着がわきますよ。

---

49 作って遊ぼう｜ハガキ❶｜風と遊ぼう｜たこあげ　0 1 **2 3 4 5** 歳児

ハガキだこ

子どもも保育者も！楽しくなるヒ・ミ・ツ！

導入の環境づくり・ことばがけ

身近な素材、ハガキで作ってみましょう。素材や形によって揚がり方が異なることがおもしろさです。自分の作ったたこを揚げたい！という気持ちが、体を動かしてたくさん遊ぶ動機につながっていきます。

遊び方
走って揚げましょう。

作り方
材料：ハガキ、たこ糸、紙テープ

❶ ハガキを2つに折ります。
❷ 1/3のところに穴をあけます。
❸ たこ糸を通して結び、セロハンテープで留めます。
❹ 縦半分に切った紙テープをはります。

くるくるまわるー！！

実録！子どもの育ち＆イキイキ体験
遊んだときの子どもの姿から…

★ 風に乗りながら、おもしろい動きをするので、何度も走って揚げています。
★「かぜ、こっちからふいて」「じゃぁ、こっちにはしろう」など、風の向きにも気づいていました。

どんどん広がる！アレンジ

しっぽをつかまえよう！ 0・1・2・3歳児

● 揚げたたこのしっぽを捕まえられるかな？たこと鬼ごっこです。

連だこだぁ！ 5歳児

● たこを2、3個つなげてみましょう。どんな揚がり方をするかな？

50 くるくるコプター

作って遊ぼう　ハガキ②　風と遊ぼう　たこあげ

０ １ **２ ３ ４ ５** 歳児

子どもも保育者も！楽しくなるヒ・ミ・ツ！
導入の環境づくり・ことばがけ

くるくる回って、目も回りそうなおもしろいたこです。保育者が揚げて見せましょう。作り方が違うと、異なった揚がり方になることに気づくと楽しさにつながります。

作り方
材料：ハガキ、たこ糸

❶ 左から1/3の部分の下から2/3まで切り込みを入れます。右から1/3の部分の上から2/3まで切り込みを入れます。

❷ AとBの部分にのりを付けてはり合わせます。

たこ糸をテープで付ける
ホッチキスで留めてもOK。針に気をつけます。

遊び方
走って揚げましょう。

わぁーまわったー！
くるくる
それー！

どんどん広がる！アレンジ

ぶらさげてみよう 0・1・2歳児

● 天井やまどにぶらさげてもきれいに回ります。
● 色や模様が付いたカレンダーを使ってもきれいですよ。

回してみよう！ 3・4・5歳児

● 糸の先端にラップの芯を付けて回してみましょう。くるくる回るのがよく見えますよ。

実録！子どもの育ち＆イキイキ体験
遊んだときの子どもの姿から…

★ 風があれば持っているだけでも回るのがうれしい！
★「くるくるまわってすごーい」と走り回って見せてくれました。
★ ハガキに絵を描いて、色の変化も楽しんでいました。

---

51 たこコプター

作って遊ぼう　画用紙　風と遊ぼう　たこあげ

０ １ **２ ３ ４ ５** 歳児

子どもも保育者も！楽しくなるヒ・ミ・ツ！
導入の環境づくり・ことばがけ

保育者が揚げて見せましょう。おもしろい動きに、子どものワクワクが高まりますよ。

作り方
材料：画用紙、たこ糸

❶ 画用紙にお皿などを使って丸を書き、絵や模様を描いたり色を塗ったりします。

❷ 丸を切り抜いて、上と下半分以上まではさみで切り込みを入れます。

❸ AとBにのりを付けて2つをくっつけるようにはり合わせます。

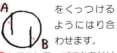

❸ セロハンテープで糸を付けます。

遊び方
走って揚げましょう。

くるくる
すごくはやい！！
もっともっと！！

どんどん広がる！アレンジ

渦巻きくるくる 0・1・2歳児

● 丸い画用紙に、子どもが自由に絵を描きます。保育者が渦巻き状に切って、中心にたこ糸を付けます。たこ糸を持って走るとくるくる回転！風が吹くと持っているだけでも回ります。

大きさを変えてみよう！ 4・5歳児

● 大きいほうが回るかな？ 作っては揚げを繰り返し楽しんでいます。

実録！子どもの育ち＆イキイキ体験
遊んだときの子どもの姿から…

★「すごくはやい」「もっともっと」と友達の声に、走る側もこたえて、楽しんでいました。
★ 色や模様の変化も楽しんでいました。

52 作って遊ぼう 風を受けて
風車を回そう

0 1 2 3 4 5 歳児

子どもも保育者も！楽しくなるヒ・ミ・ツ！
導入の **環境づくり・ことばがけ**

「かぜがふくとくるくるまわるよ」「はしってまわそう」風車を持つと、子どもはワクワク感を膨らませます。まずは、保育者が作ってみせましょう。

遊び方 風に向かって動きます。

作り方 A
材料：画用紙、輪ゴム、竹ぐし、曲がるストロー、消しゴム　など

❶画用紙を下図のように切り、穴をあけます。
❷輪ゴムを掛けた竹ぐしに、紙を通しストローに通します。

安全のために粘土や消しゴムを切って、竹ぐしの先に付けます。

作り方 B
材料：発泡トレー、つまようじ、曲がるストロー

❶発泡トレーを斜めに切ります。
❷つまようじを差し、曲がるストローに通します。

つまようじ / ストロー

実録！ 子どもの育ち&イキイキ体験
遊んだときの子どもの姿から…

★手に持った風車が回るとうれしくなってついつい走ってしまう子どもたち。風が吹けば持っているだけでも風車が回るのは楽しいですね。

どんどん広がる！アレンジ

両手でダッシュ！ 4・5歳児

●両手に持ってダッシュしてみましょう。風の力をたくさん感じますよ。

風、はかり隊！ 4・5歳児

こっちはすっごいかぜです！！／こっちはちょっとかぜです！！
●今日は、どこの風がいちばん強いかな？ 風車の回るスピードで風の強さを測ってみましょう。

---

53 作って遊ぼう 風に乗せて 体を大きく動かして
ぐるぐるグライダー

0 1 2 3 4 5 歳児

子どもも保育者も！楽しくなるヒ・ミ・ツ！
導入の **環境づくり・ことばがけ**

保育者が作って見せてみましょう。ビュンビュン回るグライダーに興味津々です。「つくりたい！」「やってみたい」の声が上がりますよ。

遊び方 くるくる回して飛ばしましょう。

すごーい！

作り方
材料：発泡トレー、たこ糸、洗濯バサミ

❶発泡トレーにグライダーの図面を描きます。
❷線に沿ってハサミで切ります。

残ったところで垂直尾翼を作ります。
切り込みを入れて付けます。
セロハンテープでたこ糸1m〜2mを留めます。
先端に洗濯バサミを付けます。

実録！ 子どもの育ち&イキイキ体験
遊んだときの子どもの姿から…

★少しずつ糸を伸ばしてみよう。
★回転のスピードを上げたり、力を抜いてみたりして回し方を変えて楽しんでいました。

どんどん広がる！アレンジ

糸を伸ばしてみよう！ 4・5歳児

●少しずつ糸を伸ばしてみましょう。どの長さがいちばん回るかな？

だれがいちばん？ 4・5歳児

●発泡トレーの大きさや、形を変えたり、洗濯バサミのおもりをクリップに変えたりしてみましょう。

54 世界旅行をしよう！

作って遊ぼう｜紙飛行機｜風と遊ぼう｜ゲームで夢中　0 1 2 3 **4 5** 歳児

導入の環境づくり・ことばがけ 子どもも保育者も！楽しくなるヒ・ミ・ツ！

ただ、飛ぶだけでも楽しい飛行機。「世界旅行に出発だ！どこに行こうかな？」なかなか入らないのも、繰り返しチャレンジしたい気持ちを盛り上げます。

作り方 A　準備：チラシ

❶ ❷ ❸

❹ ❺ ❻

❼　でき上がり

作り方 B　準備：チラシ

❶ ❷ ❸

❹ ❺ ❻

❼　でき上がり

遊び方　準備：大きな紙、描くもの

❶ 大きな紙に、世界の絵を描きます。点数を決めます。

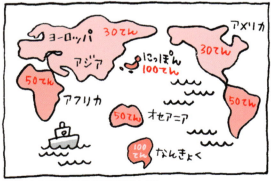

※小さなところほど、得点を高くするとよい。

❷ ジャングルジムやのぼり棒などに絵をはり、いろいろな国や大陸を目がけて飛ばします。

どんどん広がる！アレンジ

園庭1周ゲーム　3・4・5歳児

●木や遊具を目印にして紙飛行機を飛ばしながら園庭を1周します。着陸回数が少ないほうがよく飛ぶ飛行機になります。

紙飛行機が落ちたところから、もう一度投げます。

実録！子どもの育ち＆イキイキ体験

遊んだときの子どもの姿から…

★飛行機の折り方を自分で考えたり模様を付けたりして楽しみました。世界地図の得点は、挑戦意欲を高めてくれますよ。

55 作って遊ぼう 風に乗って 紙トンボ

0 1 2 **3 4 5** 歳児

子どもも保育者も！楽しくなるヒ・ミ・ツ！
導入の
環境づくり・ことばがけ

保育者がまずはやって見せましょう。ぱっと手を離すと「わぁ、すごい！」「やってみたい」と歓声が上がりますよ。

作り方　材料：紙、クリップ

① 細長く切った紙を図のように折ります。
（20cm × 2cm　折る）

② クリップを付けます。

遊び方
高い所から落としましょう。

どんどん広がる！アレンジ

逆さに折ると…　3・4・5歳児

●逆折りにしたら逆回転をするよ。

おもりを変えてみよう　4・5歳児

洗濯バサミ　／　クリップ2個

●おもりの数や種類を変えてみましょう。どんな落ち方をするかな？

実録！子どもの育ち＆イキイキ体験
遊んだときの子どもの姿から…

★すぐに高さのある場所を探して投げ落としていました。
★くるくる回るのがうれしくて、何度も上がったり下りたりして、紙トンボで遊びましたよ！

---

56 作って遊ぼう 風に乗って パラシュート

0 1 2 **3 4 5** 歳児

子どもも保育者も！楽しくなるヒ・ミ・ツ！
導入の
環境づくり・ことばがけ

パッと手を離すと、すーっと落ちるパラシュート。ひと目見ると、子どもたちはすぐにやってみたくなりますよ。

作り方　材料：レジ袋、たこ糸、ペットボトルのキャップ

① レジ袋の上半分を切り取ります。
② セロハンテープでたこ糸をレジ袋にはり付けて結びます。
③ セロハンテープでひもをキャップにはります。

遊び方
高い所から落としましょう。

どんどん広がる！アレンジ

取れるかな？　0・1・2・3歳児

キャップ2つ

●保育者が落として、子どもがキャッチしてみましょう。

どこに着陸しよう？　4・5歳児

●地面に絵を描いてみよう。ねらった所にうまく着地するかな？

投げ上げてみよう！　3・4・5歳児

●その場で投げ上げてみましょう。高く投げ上げたくて、勢いをつけていますよ。

実録！子どもの育ち＆イキイキ体験
遊んだときの子どもの姿から…

★より高い所を探して、2階のベランダから落として、ハアハア言いながら拾いに行っては登って落としを繰り返しています。

57 作って遊ぼう 風が吹いたら…
ころころヘビ

0 1 2 3 4 5 歳児

子どもも保育者も！楽しくなるヒ・ミ・ツ！
導入の環境づくり・ことばがけ

簡単に作って、地面にポイッ！風が吹いたら、あら不思議！子どもの興味を引き付けます。

作り方　材料：紙
① 紙を細長く切り、ヘビの絵を描きます。
② ヘビをフェルトペンに巻き付けて抜き取ります。

遊び方
地面に置いて、風に吹かれて動くようすを楽しみましょう。

実録！子どもの育ち＆イキイキ体験
遊んだときの子どもの姿から…
★ クルクル転がるヘビのようすがおもしろくて、追いかけています。
★ 保育者があおいでヘビを転がし、子どもたちを追いかけても楽しめました。
★ 太さや長さを変えて、転がる速さが変わるかどうか、いろいろ試していました。

どんどん広がる！アレンジ

あおいでキャッチ　1・2歳児

● 保育者があおいで、子どもがキャッチ！　じょうずにつかめるかな？

あおいで！あおいで！　3・4・5歳児

● 風のない日は、うちわなどであおいでみましょう。強くあおげばあおぐほど進みます。次第に体もポカポカに。競争しても楽しいですよ。

---

58 作って遊ぼう 風が吹いたら…
ころころ風輪

0 1 2 3 4 5 歳児

子どもも保育者も！楽しくなるヒ・ミ・ツ！
導入の環境づくり・ことばがけ

「風輪」とは風を受けて地面を転がして遊ぶ物のことをいいます。まずは保育者がころころ転がる風輪を作って遊んでみましょう。

作り方　材料：紙コップ
● 紙コップ2つをセロハンテープではり合わせます。

遊び方
地面に置いて、風に吹かれて転がるようすを楽しみましょう。

実録！子どもの育ち＆イキイキ体験
遊んだときの子どもの姿から…
★ 風が吹いたら転がり、追いかけて楽しんでいました。
★ 風が吹かなくても、手で力を加えてみたり、「さかをつくったらころがるかな？」など、どうしたら転がるか考えたり、転がり方を楽しんだりしていました。

どんどん広がる！アレンジ

いろいろアレンジ　3・4・5歳児

● 色を塗ったり、スズランテープを付けたりしてみましょう。
● 紙コップの大きさを変えてみよう。

棒で行け行け！　3・4・5歳児

● 風のない日は、新聞紙を巻いた棒でつついて転がすと楽しめます。

フープで遊ぼう

フープに親しむ①　転がす　　0・1・2・3・4・5歳児

59 コロコロ転がるかな？

子どもも保育者も！楽しくなるヒ・ミ・ツ！
導入の環境づくり・ことばがけ

コロコロと"転がる"ことに興味を持ち、楽しく遊びながらフープに親しめるようにします。子どもたちの反応を見ながら遊びの展開を工夫し、保育者もいっしょに楽しみましょう。

遊び方

① 保育者がフープを次々に転がします。さぁ、追いかけて捕まえよう！
② フープを自由に転がし、追いかけたり、捕まえたりして遊びましょう。
③ スタートラインを引き、「だれが遠くまで転がせるかな？」と転がし競争をします。
④ 目的を決めて転がします。

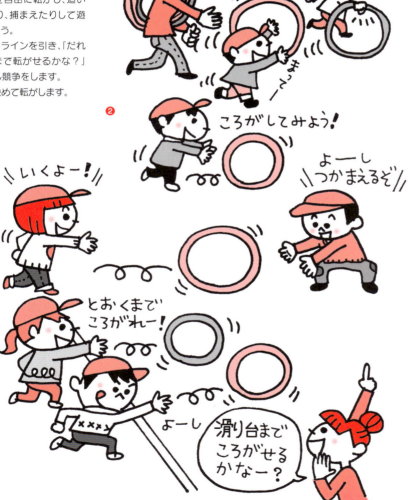

どんどん広がる！アレンジ

同時に3本転がして　0・1・2・3歳児

● 一度に3本転がして、いろいろな方向に転がるフープをみんなで追いかけましょう。

転がるフープをキャッチ！　4・5歳児

● フープを転がして、いろいろな技でキャッチします。難しいけれどチャレンジ！

"すご技"コロコロトンネル　5歳児

● 転がるフープを止めないように、すばやくくぐり抜けられるかな？ちょっとドキドキ。

実録！子どもの育ち＆イキイキ体験

遊んだときの子どもの姿から…

★ 転がるフープに子どもたちは興味を持ち、追いかけ、捕まえていきます。そして今度は、自分でフープを転がして追いかけ、捕まえるを繰り返し、夢中になって楽しんでいました。

★ 転がすと同時に追いかけ、フープが止まるまでに捕まえて大喜びする子どももいました。ほかの子どもたちも「すごーい！」と認めたり、まねをしてやってみたりしていましたよ。

フープで遊ぼう

フープに親しむ❷　回す

0 1 2 **3 4 5** 歳児

どんどん回せ！

子どもも保育者も！楽しくなるヒ・ミ・ツ！
導入の環境づくり・ことばがけ

"フープを回す"ことに興味を持ち、いろいろな回し方を繰り返し楽しみながら、体の使い方やコツを身につけていきます。まず、保育者がやって見せ、子どもたちといっしょにフープを回して楽しみましょう。

遊び方

❶ フープを立てて回します。繰り返しやってみましょう。うまく回せるかな？
❷「だれが長く回せるかな？」「レディーゴー！」フープが止まったら、中に入って座ります。
❸ 腕に引っ掛けて回してみましょう。
❹ 腰で回せるか？ やってみましょう。

実録！子どもの育ち＆イキイキ体験
遊んだときの子どもの姿から…

★ もっと長く、もっと…と、繰り返しフープを回す姿、体の動きやフープの扱いを考え工夫しながら回す姿、また、友達とコツを教え合う姿などが見られました。
※見逃さずに共感していきましょう。

どんどん広がる！アレンジ

クルクルピタッ！　3・4・5歳児

● フープをこまのように回してみよう。回るフープを捕まえられるかなぁ。

いろいろフープ　3・4・5歳児

● 腰で回せるようになったら、いろいろな技にチャレンジ！
Ⓐ 回しながら歩きます。
Ⓑ 2本で、3本で…回します。何本回せる？
Ⓒ 回しながら"すご技"ボールをキャッチ！
ほかには、どんなことができるかな？

〈歩く〉

〈2、3本で〉

〈ボールをキャッチ〉

フープで遊ぼう　友達とイメージを膨らませて

61 「フープのおうち」で遊ぼう!

0・1・2・**3・4・5** 歳児

子どもも保育者も！楽しくなるヒ・ミ・ツ！

導入の環境づくり・ことばがけ

保育者自身がイメージを膨らませて言葉をかけたり、子どもの思いに共感したりしながら、イメージの世界で遊ぶ楽しさを味わえるようにしましょう。
『さんぽ』（作詞/中川李枝子 作曲/久石譲）の歌をうたったり、曲を流したりすると、楽しい気持ちが盛り上がりますよ。

遊び方

1. フープをおうちに見たてて園庭の好きな場所に置き、中に入って座ります。（1人1本）
2. 「ごはんを食べて…」「さぁ、おさんぽに出発！」と声をかけ、フープの外に出掛けます。フープを踏まず、友達とぶつからないように動けるかな？
3. 「大変！ 空が暗くなってきた。雨が降りそうよ！」などと声をかけて、おうちに戻ります。自分のおうち（フープ）はどこだったかな？ みんな無事に戻れたかな？

どんどん広がる！アレンジ

お引っ越し　3・4・5歳児

- 「おひっこしー！」の合図で自分のおうち（フープ）を出て、違うおうちに引っ越します。
- 「どこにしようかな！」「何色にしよう？」と、好きな場所や色を選びます。

いっしょのおうちに入ろう　3・4・5歳児

- 少しずつフープの数を減らすと、どうなるかな？

実録！ 子どもの育ち＆イキイキ体験
遊んだときの子どもの姿から…

★ 保育者の言葉に耳を傾けながら、友達と共通のイメージで遊ぶ楽しさを味わっていました。
★ 子どもたちから「あっ、おべんとうわすれた！」と、言っては戻り、また「あっ、おはしもわすれた！」と、言って戻り…行ったり来たりすることを繰り返し楽しんでいました。

実録！ 子どもの育ち＆イキイキ体験
遊んだときの子どもの姿から…

★ 「〇ちゃん、おいで！」「いっしょのおうちにはいろう」などと、子どもたちから誘い合って、1つのおうち（フープ）に友達といっしょに入る姿が出てきます。

いっしょにお引っ越し　4・5歳児

準備：フープ（人数の半分の数）

1. ふたりでいっしょに手をつないでフープに入ります。
2. 「おひっこしー！」の合図で、手をつないだまま違うフープに引っ越します。

実録！ 子どもの育ち＆イキイキ体験　遊んだときの子どもの姿から…

★どこにするか迷ったり、友達と意見が食い違ったりしながらも、繰り返し遊んでいく中で、友達関係が深まっていきます。

バラバラでもだいじょうぶ？　4・5歳児

- ふたり、バラバラになって、お散歩に出かけます。
- 「おひっこしー！」の合図で、元のペアで、別のフープに入ります。

実録！ 子どもの育ち＆イキイキ体験　遊んだときの子どもの姿から…

★「○ちゃーん！」「こっちこっち！」と互いに友達を呼び合いながら、新しいおうちを見つけていました。

引っ越し競走　5歳児

- 人数を増やす、競争にするなど、変化をつけるとまだまだ遊べます。

実録！ 子どもの育ち＆イキイキ体験　遊んだときの子どもの姿から…

★メンバー同士で声をかけ合う、名前を呼び合う、などして助け合う姿や、動く前にどこにするか相談する姿も見られました。

フープで遊ぼう　友達と力を出し合って
ふたりで力比べ

　0 1 2 3 **4 5** 歳児

子どもも保育者も！楽しくなるヒ・ミ・ツ！
導入の環境づくり・ことばがけ

フープを使い、ふたりで思い切り引っ張り合って楽しみます。
保育者は合図や声援を送り、子どもたちの気持ちを盛り上げていきましょう。（2人組のメンバーや場の配置など、安全面の配慮を忘れないように！）

遊び方
1. ふたりに1本の数のフープを園庭に広げて置きます。
2. 子どもたちは自由に動き、笛やタンバリンなどを鳴らして「2人組！」でフープの中に入ってしゃがみます。
3. ペアができたら
   Ⓐ フープの中にふたりで入り、両手を合わせて押し合います。足がフープの外に出たら負けです。
   Ⓑ 2人でフープを持って引っ張り合います。片手で、両手で…「レディーゴー！」で5秒間。

どんどん広がる！アレンジ

しっかりふんばって！ 4・5歳児

● 体と体で押し合います。

● おしりとおしりで押し合います。

スキップで！ 4・5歳児

● 走る、スキップをするなど、動きを変えたり、人数を変えたりしても楽しめます。

実録！子どもの育ち&イキイキ体験
遊んだときの子どもの姿から…

★ 歯をくいしばって引っ張ったり、押したりして、力を出し合う楽しさを味わっていました。
★ 時間を短くし、カウントすることで、力を集中して発揮していました。
★ 友達と力を出し合って遊ぶ中で、足をふんばる、バランスを取るなど、体の使い方を学んでいきます。

フープで遊ぼう　友達と気持ちを合わせて　0 1 2 3 **4 5** 歳児

63 回れ、メリーゴーラウンド

子どもも保育者も！楽しくなるヒ・ミ・ツ！　導入の環境づくり・ことばがけ

互いの動きやスピードを感じ合いながら、友達と気持ちを合わせて遊ぶ楽しさを味わえるようにします。保育者は、子どもたちの動きに合わせて合図を送ったり、リズミカルな歌をうたったりして、楽しい雰囲気をつくりましょう。

遊び方

1. 友達3〜4人でひとつのフープを持ちます。（右手か左手、どちらかに決めて）
2. 「メリーゴーラウンド、発車しまーす！」「ピー！」（笛）の合図で回ります。
3. 手を離さず、倒れずに回れるかな？　初めは時間を短く、ゆっくりと動きます。
4. 少しずつスピードを上げたり、時間を長くしたり、合図で逆方向に回ったりします。

どんどん広がる！アレンジ

動きを工夫して…　4・5歳児

● スキップで。

● 両足ジャンプで。

● フープを両手で持ち、ギャロップで。

実録！子どもの育ち＆イキイキ体験

遊んだときの子どもの姿から…

★ 歌をうたったり、曲を流したりすることで、リズミカルに楽しく動いていました。
★ 「ミッキーマウスマーチ」「小さな世界」の曲などが子どもたちもよく知っていて、おすすめです。
★ 遊んでいくうちに、互いに友達の動きを感じたり、スピードを加減し合ったりする姿もでてきました。

※ぶつからないように、場の配置を工夫しましょう。

ボールで遊ぼう　挟んだり、つかんだり
64 ボールとなかよし

0・1・2 **3・4・5** 歳児

子どもも保育者も！ 楽しくなるヒ・ミ・ツ！
導入の環境づくり・ことばがけ

子どもたちの反応を見ながら「こんなことできるかな？」と、投げかけて、ボールを使った簡単な動きを保育者もいっしょに楽しみます。興味を持って繰り返し遊ぶ中でボールの特性やおもしろさが味わえるようにしましょう。

遊び方
1. ボールを落とさないように持ってみましょう。（両手で、片手で、足に挟んでなど）
2. ほかには、どんな持ち方ができるかな？ 工夫しましょう。
3. ボールを上に少し投げてキャッチ！ もう少し高く、もっと高く… しっかりとキャッチできるかな？
4. 今度は、転がしてみましょう。キックしてみましょう。

どんどん広がる！アレンジ

キックでおさんぽ 3・4・5歳児

- ボールをキックしながら園庭を自由に動きます。
- 友達のボールをよけながら、うまく進めるかな？ レッツゴー！

ボール大好き！ 0・1・2歳児

- 大きめのボールの上にかぶさってみましょう。「ボールさんだいすき！」

合図でストップ！ 4・5歳児

- 笛の合図でストップ！ 片足でボールを止められるかな？
- 今度は、おなかで、おしりでも止められる？

実録！ 子どもの育ち＆イキイキ体験

遊んだときの子どもの姿から…

★「ボールを落とさないように…」がポイント！ 自分の体を工夫して使い、力加減を試しながら、いろいろな持ち方にチャレンジしていました。
★ボールを投げてうまくキャッチできると「ヤッター！」と、大喜びです。
※楽しんでいる姿を認め、保育者もいっしょに楽しみましょう！

ボールで遊ぼう
友達と気持ちを合わせて
65 ふたりで、ぴったんこ

0・1・2 **3・4・5歳児**

子どもも保育者も！
楽しくなるヒ・ミ・ツ！
導入の環境づくり・ことばがけ

ボールを使って、友達とふれあい、気持ちを合わせて遊びます。保育者は「1、2の3！」と、合図を送り、声を出してカウントしながら楽しさを盛り上げましょう。

遊び方

1. ふたりで向き合い、おなかでボールを挟んで、1、2の3！で手を離します。10秒間、ボールを落とさないように、ぴったんこ！
2. 今度は頭でぴったんこ！
3. 背中同士でぴったんこ！
4. いろいろぴったんこ！
   ふたりで考えて、やってみましょう。

〈両手で〉

① 〈おなかで〉　② 〈頭で〉

③ 〈背中で〉

④ 〈おしりで〉

どんどん広がる！アレンジ

ペアチェンジ　3・4・5歳児

●違う友達とやってみましょう。いろいろな友達とふれあう機会にもなりますよ。

ぴったんこで、いち、に！　4・5歳児

●ぴったんこのまま、横に歩いてみましょう。気持ちを合わせて「いちに、いちに」落とさずにできるかな？

キャッチできるかな？　4・5歳児

●ふたりで向き合い、さまざまな投げ方でキャッチボールをします。
① 初めは短い距離で相手にボールを手渡します。
② 徐々に距離を広げてキャッチボール。
③ バウンドでキャッチ！

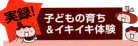
実録！　子どもの育ち＆イキイキ体験
遊んだときの子どもの姿から…

★ボールを落とさないように体の動きや力を加減しながら、友達と気持ちを合わせようとしていました。

※「1、2、3、4…10！」と声を合わせてカウントすることで、より楽しさが増しますよ。

66 ボールで遊ぼう 転がす
それ！追いかけろ！

0・1・2・3・4・5 歳児

子どもも保育者も！楽しくなるヒ・ミ・ツ！
導入の環境づくり・ことばがけ

低年齢児は、ボールを転がすだけで、思わず追いかけたくなります。「待って待って」と保育者もいっしょに追いかけて楽しみましょう。

遊び方
転がったボールを追いかけて遊びましょう。

実録！子どもの育ち＆イキイキ体験
遊んだときの子どもの姿から…
★ 転がるボールを「まてまてまて」と歓声を上げながら追いかけています。
★ ボールを捕まえるとすぐにまた転がしては追いかけ、繰り返し楽しみます。

どんどん広がる！アレンジ

どんどん転がるよ 0・1・2 歳児

● ボールを自分で転がして、追いかけてみましょう。

ふたりで向き合って 3・4・5 歳児

● ふたりで向き合って同時に転がし、転がし合いっこをしましょう。

---

67 ボールで遊ぼう 投げる
入るかな？

0・1・2・**3・4・5** 歳児

子どもも保育者も！楽しくなるヒ・ミ・ツ！
導入の環境づくり・ことばがけ

「じょうずに投げられるかなぁ。フープの中に入れてみよう!!」保育者が初めにやって見せましょう。

遊び方
鉄棒にフープをぶらさげてフープの中にボールを投げ入れて遊びます。

実録！子どもの育ち＆イキイキ体験
遊んだときの子どもの姿から…
★ ゲーム感覚でボール投げを楽しんでいます。「はいった」「はいらなかったからもういっかい」と何度も挑戦しています。

どんどん広がる！アレンジ

ちょっぴり難度アップ 3・4・5 歳児

● フープをゆらゆら揺らしてボールを入れてみましょう。園庭の木やスベリ台の下など高低差をつけてみましょう。
● 段ボールをいくつか並べて、入れるのも楽しいです。

キックでえいっ！ 3・4・5 歳児

● ボールをけってフープの中へ入れてみましょう。

68 ボールで遊ぼう　友達といっしょに楽しもう　0 1 2 **3 4 5** 歳児

運んで運んで、ボールタッチ！

子どもも保育者も！楽しくなるヒ・ミ・ツ！
導入の環境づくり・ことばがけ

ボールの特性を生かした動きを繰り返し楽しむ中で、操作する力を高めていきます。簡単で子どもたちの興味や発達に応じた動きを取り入れます。ボールを使って遊ぶ楽しさを友達と共有しているようすに、保育者も声援を送りながらいっしょに楽しみましょう。

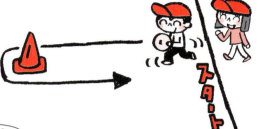

遊び方
1. 数人のグループでチームをつくります。
2. 先頭の子どもがボールを持ってカラー標識を回ってきて、次の子どもにボールをタッチします。
3. Ⓐ両手で持って　Ⓑ片手で　Ⓒキックで　Ⓓドリブルで…など、運ぶ方法を変えて繰り返し遊びましょう。

実録！　子どもの育ち＆イキイキ体験　遊んだときの子どもの姿から…

- ★ 胸の前で、頭の上で、脇や足に挟んで…「こんどは、こうやってみよう！」と、子どもたちも運ぶ方法を考えながら繰り返し楽しんでいました。
- ※ 運ぶ距離は短めにしたほうが、待ち時間も少なく、より楽しめます。
- ★ 遊んでいく中で、体やボールをコントロールする姿も見られるようになります。

どんどん広がる！アレンジ

新聞紙で運ぼう！　5歳児

● 新聞紙の上にボールを乗せ、ふたりで運びます。落とさずに運べるかな？

パスで進もう！　4・5歳児

● ボールをパスしながら運びます。
● 初めは近くで運びながら、ふたりの距離に変化をつけていきましょう。

---

69 ボールで遊ぼう　ボールに親しむ　操作する　0 1 2 3 **4 5** 歳児

ついて、とって、1・2

子どもも保育者も！楽しくなるヒ・ミ・ツ！
導入の環境づくり・ことばがけ

保育者が率先して、やって見せながら、リズミカルなかけ声をかける、歌をうたうなどして、楽しい気持ちを高めます。子どもたちは、保育者の姿をよく見て、聞いて興味を持ち、チャレンジし始めますよ。

遊び方
1. ボールを両手で持って、ついて取ります。
2. ついて、取って…リズムに合わせて、ついてとります。『ロンドン橋』のメロディーで「♪ついてとって…」と、歌いながら遊びましょう。
3. 慣れてきたら、片手でついて（ドリブル）みましょう。

実録！　子どもの育ち＆イキイキ体験　遊んだときの子どもの姿から…

- ★ 力強くついて、ボールが遠くにバウンドしてしまい「まてー」と、慌てて追いかける子どもや、うまくキャッチして喜ぶ子どもがいました。
- ★ 体が硬かった子どもも、繰り返し楽しく遊んでいくうちに、ひざ、ひじ、手首などの使い方が柔軟になり、リズミカルにドリブルができるようになっていきました。

どんどん広がる！アレンジ

いろいろドリブル　5歳児

〈カラー標識を回る〉

〈ジグザグ道〉
● ドリブルができるようになったら、目的を決める、カラー標識を回るなどして遊んでみましょう。

あんたがたどこさ　5歳児

● 『あんたがたどこさ』（P.20）の歌に合わせて、「♪あんたがたどこ㋙…」と、歌いながらドリブルをします。（両手で、片手で）㋙のところは、キャッチします。ゆっくりと歌いながらやってみましょう。

70 ボールで遊ぼう　わらべうた　ボールつき
てんやのおもち

0 1 2 3 4 **5** 歳児

子どもも保育者も！楽しくなるヒ・ミ・ツ！

導入の環境づくり・ことばがけ

ペッタンペッタン、歌に合わせてボールのもちつき。歌があることで「やぁらかいおもち」までつけた！と自分がどれくらいつけたかわかり、あとどれくらいついたら完結なのかもわかるので、喜びや挑戦意欲がわきます。

遊び方
❶ 歌をうたいながらボールを片手や両手でつきます。
❷「ちょいとふんで」で大きくバウンドさせて、両手を使って受け止めます。

実録！子どもの育ち＆イキイキ体験　遊んだときの子どもの姿から…

★ 歌があることでリズムができ、つきやすそうです。1回ついては受けたり、連続つきをしたりなど、自分の力に合わせてついています。

ほかにもあるよ！

ボールつきのわらべうた

わらべうたは、歌うだけでも楽しく、心地良く、耳に残ります。
ボールつきのわらべうたもたくさんあります。歌うことで、ボールつきがリズミカルに楽しくなるのです。
昔からのことば、語呂合わせのおもしろい歌が多く、意味はわからなくても体が弾みます。耳慣れない言葉なので最初は「うたって、うたって」と保育者に要求します。保育者が歌ってやると、いつの間にか覚えて歌もボールつきも好きになって遊ぶ姿があります。

いちりきらいらい　わらべうた

なかなかほい　わらべうた

●「らいらい」「すいすい」で、手拍子をしたり、クルッと回ったりして楽しんでみましょう。

●「ほい」で、手に持ったり強くついたりしてみましょう。

■『おはぎのよめいり』(P.19)や『あんたがたどこさ』(P.20)もボールつきにぴったりの歌です。

わらべうたが耳慣れなくて覚えにくいときは、『げんこつやまのたぬきさん』などでも楽しく遊べますよ。知ってる歌で楽しみましょう。

71 ボールで遊ぼう ボールをコントロールして
ゴールをねらって—、シュート！

0・1・2　3・4・5歳児

子どもも保育者も！楽しくなるヒ・ミ・ツ！　導入の環境づくり・ことばがけ

子どもたちは、ボールをけるのが大好きです。園庭にサッカーゴールを置いておくと、さっそくゴールを目がけてシュート！ すると、ゴール前に立ってキーパーになる子どももでてきます。保育者も子どもたちの仲間に入って思い切りボールをけって遊びます。シュートが決まったときは、子どもたちと喜びを共有しましょう。

遊び方（子どもの動線を考えて、サッカーゴールを用意します）

1. 自由にゴールを目がけてボールをけって遊びましょう。
2. ゴール前にラインを引き、決まったところからシュート！
3. 目標物（ゴール：大きさの違う段ボール箱など）やラインの位置（距離）を変えて楽しみましょう。

どんどん広がる！アレンジ

新聞紙ボール　1・2・3歳児

- 保育者が新聞紙のボールをそっとキックして、段ボールのゴールに入れます。
- 子どもたちは喜んでボールを追いかけたり、まねをしてゴールに入れたりして遊びます。

新聞紙バットでシュート　1・2・3歳児

- 新聞紙を巻いたバットで新聞紙ボールをシュート！

キックボウリング　4・5歳児

- 水を入れたペットボトルを目標物にして、キックでねらいましょう。並び方に変化をつけると楽しいです。

実録！子どもの育ち＆イキイキ体験　遊んだときの子どもの姿から…

★ 次々にボールを持ってゴールの前に集まって来て、サッカーをイメージして、繰り返しシュートを楽しんでいました。

★ ゴールキーパー役にも人気があり、交代し合って楽しんでいました。

ボールで遊ぼう　ドキドキ感、身のこなし

72 転がしドッジボール

0 1 2 **3 4 5** 歳児

子どもも保育者も！楽しくなるヒ・ミ・ツ！
導入の**環境づくり・ことばがけ**

ボールに当たらないように、ドキドキしながら身をかわして逃げるおもしろさを味わいましょう。
保育者は、子どもたちの反応や動きをよく見ながら声をかけたり、ボールを転がしたり動いたりします。保育者のそぶりでおおいに盛り上がりますよ。

遊び方

1. 子どもたちは、円の中に入ります。
2. 保育者は、円の外からボールを転がし、子どもたちは、ボールに当たらないように逃げます。
3. 初めは円を大きくする、ボールのスピードをゆっくりするなど、当たらないように工夫します。
4. 遊び方がわかってきたら、ボールが当たった子どもは円の外に出て、ボールを転がす側になります。全員が当たったら、終了です。

実録！子どもの育ち＆イキイキ体験
遊んだときの子どもの姿から…

★保育者が「さぁ、いくよー！」と声をかけたり、ボールを構えたりすると、子どもたちは「キャー！」と後ずさりしたり、逃げたりして、ドキドキ感を楽しんでいました。

※ボールを投げる前に子どもたちの反応を受け止めながら、駆け引きを楽しみましょう。

どんどん広がる！アレンジ

ルールを変えて　4・5歳児

● ルールがわかってきたら、子どもたちと相談して新しいルールを考えていきましょう。繰り返し、どんどん楽しめますよ。

① 外でボールを当てたら、また、中に入れる。

② 円を小さくする。

③ 四角、だ円など形を変える。

④ ボールを2個にする。

⑤ ふたつのチームに分かれて定番のドッジボール。

縄で遊ぼう 短縄 楽しく体を動かそう

0・**1・2・3**・4・5歳児

ヘビヘビ〜まてまてー

子どもも保育者も！楽しくなるヒ・ミ・ツ！
導入の環境づくり・ことばがけ

子どもたちの興味や思いをしっかりと受け止めながら遊びを展開し、保育者もいっしょに楽しみましょう。簡単なことからチャレンジしていきましょう。

遊び方

1. 短縄を地面に着けて「ヘビヘビ…」と言いながら小さく揺らします。(左右)
2. 少しずつ揺れを大きくしたり、縦に揺らしたりします。
3. 縄の位置を移動させてみましょう。「こっちだよ」「今度は、こっちだよ！」と…。

どんどん広がる！アレンジ

ソレ、追いかけろ！ 1・2・3歳児

- 保育者が縄をしっぽにして逃げ、子どもたちが追いかけます。
- 立ち止まったり、逃げるスピードに変化をつけたりしましょう。

ひっぱれ、ひっぱれ 1・2・3歳児

- 保育者対子どもで引っ張りっこをします。
- 「1、2、1、2！」と声をかけ、子どもの動きを見ながら引っ張ったり、力を抜いたりしましょう。

実録！ 子どもの育ち＆イキイキ体験
遊んだときの子どもの姿から…

★「ヘビヘビ…」の声に子どもたちは大喜びで集まってきます。足が引っ掛かってもへっちゃらで、またチャレンジ！ 繰り返しまたいだり、ジャンプしたりして楽しんでいました。
※子どもの動きを見ながら遊びに変化をつけていきます。

★子どもたちは、さらに興味を持ち、張り切って縄に向かってきます。
★いつの間にか、「まてまてー」「こっちだよ！」…と、追いかけっこになり、思う存分体を動かして楽しんでいました。

縄で遊ぼう 短縄 縄に親しむ❶

0 1 **2 3 4 5** 歳児

縄遊び、いろいろ

子どもも保育者も！楽しくなるヒ・ミ・ツ！
導入の環境づくり・ことばがけ

みんなでいっしょに無理なく楽しめる縄遊びをまず保育者がやって見せて「やったぁ」「できた！」「おもしろい」「今度はこうしてみよう！」という体験を繰り返し味わえるようにしましょう。

遊び方

Ⓐ〈1/4に折って結んだ短縄を使って―〉
　①乗せる。（頭、肩、背中、足の甲　など）
　②落とさないように歩く。（ゆっくり〜だんだん速く…）
　③上に投げてキャッチ！

Ⓑ〈1/2で、両はし（グリップ）を持って―〉
　回す。（頭の上、胸の前、8の字回し、足の下回し）
　回すときは、周囲の友達に当たらないようにしましょう。

実録！子どもの育ち＆イキイキ体験
遊んだときの子どもの姿から…

★縄を乗せる場所、歩いたり縄を回したりするスピード、ジャンプのリズムなど、ひとりひとりが工夫しながら繰り返し楽しんでいました。

※子どもが考えたことを見逃さずに受け止め、保育者もいっしょに遊びながら楽しさを共有していきましょう。

※「できた！」を積み重ねながら遊びを広げていきましょう。

どんどん広がる！アレンジ

縄を地面に置いて 2・3・4・5 歳児

●縄の上をバランスを取りながら進みましょう。縄の上を歩くのは意外と難しいですよ。

●上を歩く（綱渡り）。横向きでカニさん歩きも楽しい。
●ジャンプ（前後左右に）。
●縄を乗せたまま綱渡り。

ふたりで、縄遊び

縄で遊ぼう | 短縄 | 友達といっしょに楽しもう

0 1 2 **3 4 5** 歳児

子どもも保育者も！楽しくなるヒ・ミ・ツ！
導入の**環境づくり・ことばがけ**

"友達といっしょに"遊ぶことで、もっともっと縄を使った遊びが楽しめます。保育者は、掛け声や手拍子などでめりはりを付けていきましょう。夢中になって楽しむことで、縄への興味や関心が高まり、縄の扱いにも慣れていきますよ。グリップのない縄を使うときは、両端を結ぶと持ちやすくなります。

遊び方

ふたりでペアになって向き合い、縄の両端を持って遊びます。
❶ 左右に揺らします。（大波、小波）
❷ 回します。（大きく、小さく）
❸ 引っ張り合いをします。（レディー・ゴー！）

どんどん広がる！アレンジ

ふたりでしっぽ取り　4・5歳児

● 縄を半分に折り、持ち手（グリップ）をズボンに挟んで、しっぽにします。
● 右手と右手をつないで、互いのしっぽを取り合います。どっちが先に取れるかな？「レディー・ゴー！」
● しっぽを長く下に垂らして、足で踏むしっぽ取りも楽しいです。

電車ごっこ　3・4・5歳児

● 前後につながって縄を両手で持ちます。
● 「発車！ ピー！」で、自由に動きましょう。
● 水線で線路や駅を描くと、遊びのイメージが膨らみます。

実録！ 子どもの育ち＆イキイキ体験

遊んだときの子どもの姿から…

★ 保育者の合図や掛け声に合わせ、友達の動きや力を体で感じ取りながら楽しんでいました。

★ 遊んでいくうちに、体全体を使い、リズムに乗って縄を揺らしたり回したりする姿が出てきました。

77 縄で遊ぼう 長縄 一定のリズムで跳ぶ

リズムに乗って、ジャンプ！

0 1 2 **3 4 5** 歳児

子どもも保育者も！楽しくなるヒ・ミ・ツ！

導入の環境づくり・ことばがけ

子どもたちの動きを見ながら、掛け声をかける、手拍子を打つ、歌をうたうなど、工夫していきます。
楽しく遊んでいきながら、一定のリズムを感じて跳べるようにしましょう。

遊び方

1. 地面に置いた長縄を跳んで遊びます。前後に「1、2、3…10！」初めはゆっくりと、徐々に一定のリズムで跳びましょう。
2. 左右にも跳んでみましょう。
3. 『おおなみこなみ』や『げんこつやまのたぬきさん』など知っている歌に合わせて、跳びましょう。

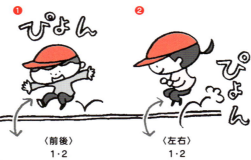
〈前後〉1・2　〈左右〉1・2

実録！子どもの育ち＆イキイキ体験 遊んだときの子どもの姿から…

★ 保育者が掛け声や手拍子、簡単なわらべうたなどを取り入れることで、子どもたちは体でリズムを感じ取りながら、跳ぶことを楽しんでいました。

★ うまくリズムが取れない友達の手をつないで、教え合いながら跳ぶ姿も見られました。

どんどん広がる！アレンジ

グルグルジャンプ！ 4・5歳児

● 円を描き、子どもたちはその上に、中心を向いて立ちます。
● 保育者は円の中心でゆっくりと縄を回します。
● 縄に当たらないように、タイミングよくジャンプできるかな？さぁ、チャレンジ！「1、2の3！」
※ 保育者は、地面すれすれに、ゆっくりと縄を回しましょう。引っ掛からずに、ジャンプできると大喜びです！

---

78 縄で遊ぼう 長縄 わらべうた

おおなみこなみ

0 1 2 **3 4 5** 歳児

子どもも保育者も！楽しくなるヒ・ミ・ツ！

導入の環境づくり・ことばがけ

「おおなみこなみが始まるよー。よっといで」など、楽しいことばがけをしましょう。
「♪ひっくりかえってニャンコのメ」など、地域に伝わる歌詞で楽しみましょう。

おおなみこなみ　わらべうた
おお　なみ　こ　なみ　くるりとまわって　ねこのめ
（ひっくりかえって　アッパッパ）

遊び方

1. 回す役：「おおなみこなみ〜」まで縄を左右に揺らします。
2. 回す役：「ひっくりかえってアッパッパッ」は腕を大きく回します。
3. （跳び方）縄の動きに合わせて足が引っ掛からないように跳びます。最後の「パッ」で、縄をまたいで止まったら成功！

実録！子どもの育ち＆イキイキ体験 遊んだときの子どもの姿から…

★「アッパッパッ」でうまく縄をまたいだ時の成功感がたまらないようすです。
★「ゆらすだけにして」「まわしてもいいよ」など、希望を言いながら自分に合った跳び方を楽しんでいます。

どんどん広がる！アレンジ

いっしょに遊ぼう 0・1・2歳児

● 縄を地面の上で横に揺らし、その上を保育者と手をつないで跳んでみましょう。

79 縄で遊ぼう 長縄 わらべうた

クマさんクマさん

0 1 2 3 **4 5** 歳児

くまさんくまさん わらべうた

くまさん くまさん まわれみぎ くまさん
くまさん りょうてを ついて くまさん くまさん
かたあし あげて くまさん くまさん さようなら

子どもも保育者も！楽しくなるヒ・ミ・ツ！
導入の環境づくり・ことばがけ

長縄で跳べるようになったら、動作をつけて跳んでみましょう。長縄跳びがますます楽しくなってきますよ。保育者は子どもの動きを見ながら、その子どもに応じたテンポで歌いましょう。

遊び方
1. 最初は「両手を上げて」や「両手を肩に」など、バランスを取りやすい動作から始めましょう。
2. 慣れてきたら「まわれ右」や「両手をついて」など複雑な動作を入れていきましょう。
3. 最後は「さようなら」で縄から抜けていきます。

実録！子どもの育ち＆イキイキ体験
遊んだときの子どもの姿から…

★ 跳び方に変化があり、歌詞がかわいいのでクマさんになった気持ちで跳んでいます。
★ 回す人と跳ぶ人の息がピッタリ合って、気持ちが通じ合うとイキイキした表情になっています。

どんどん広がる！アレンジ

いろんな動きができるよ 4・5歳児

● 両手をたたく、右足上げて、左手上げて、など自由に考えましょう。

ふたり跳びに挑戦 4・5歳児

● ふたり跳びに挑戦してみましょう。

---

80 縄で遊ぼう 長縄 ジャンケンポン

おじょうさんおはいり!!

0 1 2 3 **4 5** 歳児

おじょうさんおはいり わらべうた

おじょうさん おはいり ありがとう さあおいで
ジャンケン ポン あいこでショ まけたおかたは おでなさい

子どもも保育者も！楽しくなるヒ・ミ・ツ！
導入の環境づくり・ことばがけ

♪○○ちゃん、おーはいり！縄を跳びながら、ジャンケンポン。

遊び方
1. ひとり跳びから始まります。
2. 「おじょうさん…」で次の子どもが入ります。
3. ふたり向き合ってジャンケンをし、負けた子どもが外へ出て次々つなげます。

実録！子どもの育ち＆イキイキ体験
遊んだときの子どもの姿から…

★ ジャンケンをするのに向き合うのも楽しいポイント。
★ 縄に入れるまで「さぁ、おいで」と呼びかけてもらって、緊張しながらもタイミングよく入れた誇らしさを感じて遊んでいる姿があります。

※ 長縄は、左右に振るだけでもいいし、大きく回してもいいです。子どもの年齢や技術に合わせてふさわしいやり方をしましょう。

どんどん広がる！アレンジ

○○さん 3・4・5歳児

●「おじょうさん」のところを「○○さん」と、子どもの名前を呼んであげましょう。

縄で遊ぼう 長縄 わらべうた

81 いちわのからす

0 1 2 3 **4 5** 歳児

子どもも保育者も！楽しくなるヒ・ミ・ツ！

導入の環境づくり・ことばがけ

1から10まで続くかな？ 長縄跳び上級編です。縄の中でいろいろな動きをするのが楽しい遊びです。いろいろなポーズをやって楽しみましょう。

いちわのからす　　わらべうた

1人目　いちわのからすが かあか
②人入る→2人目　にわのにわとり こけこっこ
③人入る→3人目　さんわのさかなが およぎだす
④人入る→4人目　しはしらがの おじいさん ほら

いちぬけろ ほらら にぬけろ ほらら
さんぬけろ ほらら しろくぬけろ ほほらら
ごしくぬけ ほほらら はちじゅうぬけ ろ！

遊び方

❶ 最初は、ひとりが縄の中に入った状態から始めて、しぐさをしながら跳び続けます。
❷ 慣れてきたら2人、3人と人数を増やして、「いちぬけろ」からひとりずつ走り抜けます。

かあか

かぁか

こけこっこー　およぎだす　おじいさん

どんどん広がる！アレンジ

まねっこしよう　0・1・2歳児

コケコッコー

● 保育者が歌って、子どもたちはしぐさをするだけでも喜びます。

「ご」は？「ろく」は？　3・4・5歳児

ごはごりらがえっほっほ

● 「5は──」「6は──」と、子どもたちと言葉と振りを考えてつなげていきましょう。

実録！ 子どもの育ち＆イキイキ体験

遊んだときの子どもの姿から…

★ 縄を回す側も跳ぶ側も、引っ掛からないように一体感を感じながら遊んでいる姿があります。
★ 縄の回っているようすを見てタイミングを図りながら、引っ掛からないように抜けるスリルを楽しんでいます。

平ゴムで遊ぼう 跳び越えよう
82 ゴム跳びしよう

0 1 2 3 4 5 歳児

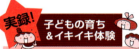
子どもも保育者も！楽しくなるヒ・ミ・ツ！
導入の環境づくり・ことばがけ

保育者が先頭になって跳んでみましょう。まねをして跳び越えているうちに「こんなとびかたできる？」「できる！できる！」と盛り上がります。またいだり、くぐったりから始めてもいいですね。

片方を木にしてもOK

⑥ あたま
⑤ くち
④ むね
③ おへそ
② ひざ
① あしくび

ぴょん！

遊び方
1. 平ゴムの両端を輪にして持ちやすくします。平ゴムを持つ子どもをふたり決めます。初めは、足首の高さでゴムひもを張ります。
2. 1列に並び、先頭の子どもからひとりずつ跳びます。
3. 2番目以降の子どもは、先頭の子どもの跳び方をまねします。
4. 引っ掛かったら、平ゴムを持っている子どもと交替します。
5. 全員跳び終わったら、平ゴムの高さを上げます。

実録！ 子どもの育ち＆イキイキ体験　遊んだときの子どもの姿から…

★ どの高さまで跳び越すことができるか、競い合ったり挑戦したりしています。足で跳び越すことができなくなったら、側転したり、手で押さえて跳び越えたりと、いろいろと工夫して跳んでいますよ。

どんどん広がる！アレンジ

跳び方いろいろ　3・4・5歳児

- **前足跳び**　走り高跳びのように片足で踏み切り、ジャンプ。

- **引っ掛け跳び**　足を思い切り上げて平ゴムに引っ掛けて跳び越します。

- **側転跳び**　側転をしながら、平ゴムを越します。高くなると側転跳びだとクリアしやすいです。

平ゴムで遊ぼう くぐろう
83 クモの巣ごっこ

0 1 2 3 4 5 歳児

子どもも保育者も！楽しくなるヒ・ミ・ツ！
導入の環境づくり・ことばがけ

「クモの巣に引っ掛からないように抜け出せるかなぁ」子どものワクワク感を高めましょう。

ここにあしをいれて…
すごーい！

遊び方
1. 鉄棒に平ゴムをクモの巣のように、張り巡らします。
2. 平ゴムのクモの巣をよけながらくぐります。

実録！ 子どもの育ち＆イキイキ体験　遊んだときの子どもの姿から…

★ ゴムひもが伸びたり、縮んだりするのがおもしろい。くぐるだけでなく、足で踏んだり、引っ張ったり、ゴムひもの弾力を楽しんでいました。

どんどん広がる！アレンジ

立体クモの巣　3・4・5歳児

- はん登棒を登りながら、平ゴムのすき間を移動して遊びます。

冒険ごっこ　3・4・5歳児

- 木に張り巡らして、冒険ごっこ。ライオンが出てくるかなぁ、ヘビが出てくるかなぁ。
- ゴムをまたいだり、跳び越えたり、くぐったり、綱渡りみたいに跳んだりして遊びましょう。

鉄棒で遊ぼう ぶらさがる

84 おサルさん

0 **1 2 3** 4 5 歳児

子どもも保育者も!楽しくなるヒ・ミ・ツ!
導入の環境づくり・ことばがけ

「手をバンザイして」「届くかな?」おサルさんになって鉄棒の下をくぐったり、ぶらさがったり。ぶらさがるだけでも楽しめます。しっかりぶらさがることから始めましょう。握る力も次第についてきますよ。

遊び方
1. 両手を伸ばして鉄棒をしっかり握ります。保育者は、子どもの手を支えます。
2. 足を曲げて、ぶらさがります。

実録! 子どもの育ち&イキイキ体験 遊んだときの子どもの姿から…

★伸ばした手が鉄棒に届くと、得意顔です。しっかりと鉄棒を握り、ちょっと足を曲げてみてぶらさがることができると、大喜びで何度もやっていました。

どんどん広がる!アレンジ

片手おサルさん 2・3歳児

●片手を離してぶらさがってみましょう。ブラブラ揺れて、おサルさん!

いない いない ばぁ! 0・1・2歳児

●鉄棒に布を掛けてみましょう。子どもたちは喜んで、そーっとのぞいたり、くぐったりして楽しみますよ。

鉄棒で遊ぼう しっかりつかまって① ぶらさがる

85 レッツゴー、スパイダーマン!

0 1 2 **3 4 5** 歳児

子どもも保育者も!楽しくなるヒ・ミ・ツ!
導入の環境づくり・ことばがけ

鉄棒に触れて楽しく遊びながら、空中や逆さの感覚が体験できるようにします。鉄棒の下には、安全のためにマットを置きます。保育者は必ずそばにつき、必要に応じて助言や補助ができるようにしましょう。

遊び方
1. 鉄棒をしっかり握って、ひざを曲げ、ぶらさがります。
2. 「1、2…」と数えたり、友達とぶらさがり競争をしたりしましょう。
3. ほかにも、ぶらさがりいろいろ…
   ①ひじを曲げてみると
   ②ブラブラブランコ
   ③両ひざの裏をかけて

実録! 子どもの育ち&イキイキ体験 遊んだときの子どもの姿から…

★友達と誘い合って、ぶらさがり競争をしたり、ぶらさがったままで動きを合わせながら、体を前後に揺らしたりなど、いっしょに楽しく遊んでいました。

どんどん広がる!アレンジ

ナマケモノに変身 4・5歳児

●ブタの丸焼きで、ゆらゆら揺れたり、手を交互に動かして移動したりしてみましょう。ゆっくり、ゆっくりと…。

逆さでジャンケン 4・5歳児

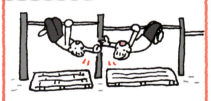

●ブタの丸焼きの姿勢から、片手を離してジャンケンをします。(対保育者と、対友達と)

鉄棒で遊ぼう　しっかりつかまって❷　飛び付いて

 歳児

86 エアー自転車

鉄棒に飛び付いた姿勢で楽しく遊びながら、空中や高さの感覚が体験できるようにしましょう。

子どもも保育者も！楽しくなるヒ・ミ・ツ！
導入の**環境づくり・ことばがけ**

遊び方
❶ 鉄棒を握り、ひざを曲げて跳び上がります。
❷ おなかを鉄棒に乗せて、ひじを伸ばして腕で体を支えます。
❸ エアー自転車…ペダルをこぐように足を回転させます。1、2、1、2。
❹ 疲れたら布団干しで休憩…上半身をゆっくりと前に倒します。
※手を離さず、ひざは曲げて、体の力を抜きます！

①②〈飛び付く〉

③〈エアー自転車〉

④〈布団干し〉
降りるときは、ひじを曲げて回転し、足をそっと地面に降ろします。

実録！子どもの育ち＆イキイキ体験
遊んだときの子どもの姿から…

★ 飛び付けるようになると、うれしくて何度もやってみたり、少し高い鉄棒にチャレンジしたりしていました。
★ 初めは緊張で体が固かった子どもも空中の感覚に慣れてくると、徐々に体の力が抜けて、いろいろな動きが楽しめるようになっていました。
※保育者は、そばで子どもの状態や気持ちに応じて、体を支え、コツを知らせていきましょう。

どんどん広がる！アレンジ

空中、足ジャンケン　4・5歳児

〈閉じる〉

〈前後〉

〈左右〉

● 足でジャンケンをします。足を閉じたらグー、前後に開くとチョキ、左右に開いてパー。さぁ、保育者や友達と向かい合ってやってみましょう。

空中、カニ歩き　4・5歳児

腕の動きに合わせて、足を動かすとスムーズに移動できます。

● 腕を左右交互に動かして、移動します。

87 鉄棒で遊ぼう 逆さ感覚を楽しもう
コウモリに変身！

0 1 2 3 **4 5** 歳児

子どもも保育者も！楽しくなるヒ・ミ・ツ！
導入の環境づくり・ことばがけ

握力や腕の力を使って、自分の体をしっかりと支えて、逆さの感覚を楽しみましょう。

遊び方
1. 鉄棒を両手で握ります。
2. 腕の間から、足を通して、ひざの裏を鉄棒に引っ掛けます。腕を伸ばし、あごを上げると…何が見えるかな？
3. 逆さの感覚に慣れてきたら、体を揺らしてみましょう。（ひざの裏と両手でしっかりと鉄棒を持って）
4. 足を鉄棒から外して、顔の方に伸ばすと、しぜんに体が回転して下りることができます。ゆっくりとやってみましょう。（着地するまで手を離さないで！）

〈足を顔の方に伸ばす〉

実録！子どもの育ち＆イキイキ体験
遊んだときの子どもの姿から…

★逆さの感覚に慣れてくると「みて、こんなことできるよ！」と、右手を離し、今度は左手を離し、両手も離しと、バランスをとりながらチャレンジしていました。

どんどん広がる！アレンジ

逆さでブーラブラ 4・5歳児

●手を離して、ひざの力だけでぶら下がれるかな？

逆立ちだよ！ 4・5歳児

●両手を下に着くと、逆立ちだよー。
●足を鉄棒から外して静かに着地しましょう。

ミニバルーンで遊ぼう　"風"を感じて遊ぼう　"風が強い日"がおすすめ！　⓪①❷❸❹❺歳児

88 うわぁ、ふくらんだ！

子どもも保育者も！楽しくなるヒ・ミ・ツ！　導入の環境づくり・ことばがけ

園庭にミニバルーンを持ち出すと、さっそく子どもたちは興味を持って集まって来ます。先を競ってミニバルーンの周りを持って広げようとすると… 突然、フワフワッ！と、膨らみ「うわぁ、すごい！」「キャーッ！」と、大歓声！子どもたちの驚きや喜びの言葉に共感しながら保育者もいっしょに楽しく遊びましょう。

遊び方

1. バルーンの周りを持って"風"を感じながら、手を上に、下に動かします。
2. 強い風をとらえて、「1、2の3！」とみんなで声を合わせて、頭の上に上げます。大きく膨らむかな？
3. しゃがんだ姿勢から「1、2の3！」の掛け声で、みんなで同時にバルーンを投げ上げて、手を離しましょう。風を受けて高く、遠く飛ぶかな？

どんどん広がる！アレンジ

いろいろバルーン　1・2歳児

● ミニバルーンがなくてもだいじょうぶ！ビニールシート、シーツ、ポリ袋など、身近にあるもので遊んでみましょう。

中は、あったかーい！　3・4・5歳児

● しゃがんでバルーンを持ち、「1、2の3！」の合図で大きく膨らませて、中に入ってみましょう。
● 入ったらすぐにおしりと両手でバルーンを押さえて、空気が抜けないようにします。

実録！子どもの育ち＆イキイキ体験　遊んだときの子どもの姿から…

★「うわぁ、ふくらんだ！」「あっ、しぼんじゃった」「あっ、またふくらんだ！」「すごーい、とばされる！」「みんな、しっかりもって！」と、友達と話しながら、風の向きや強弱、力などを実感していました。

★ バルーンの動きに興味を持って、しっかりと目で追いながら、うまく風を受けて、膨らむ、高く上がる、遠くに飛ばされるなどのようすに大喜び！友達と声を掛け合って繰り返し楽しんでいました。

ミニバルーンで遊ぼう

89 いっぱい入るかな?

紅白玉で どんどん拾って投げる

0 **1 2 3 4 5** 歳児

子どもも保育者も!楽しくなるヒ・ミ・ツ!
導入の環境づくり・ことばがけ

紅白の玉と組み合わせた"玉入れ"です。ミニバルーンの的は大きいので、1、2歳児も次々に入れることができて大喜び! 楽しい雰囲気の曲を流して遊んでみましょう。

遊び方

1. 保育者と子どもたちで、バルーンを持ち、ほかの子どもは、紅白玉をバルーンの上にどんどん投げ入れます。
2. バルーンを上下させると投げ方に変化がつきます。バルーンを揺らすと、ジャンプする玉の動きが楽しめます。

どんどん広がる!アレンジ

投げて投げてコロコロ　2・3・4・5歳児

● 玉がたくさん入ったら「1、2の3　ソレ!」で、バルーンを斜めにして玉を転がします。子どもたちは、大喜び! また、張り切って拾っては投げてを繰り返し遊びます。

ボールのトランポリン　3・4・5歳児

● 紅白の玉をゴムボールに変えて遊ぶと、バルーンの上で大きく弾みます。みんなで掛け声を合わせて遊びましょう。
● ボールの数を増やすと、さらに楽しめます。

実録! 子どもの育ち&イキイキ体験

遊んだときの子どもの姿から…

★ バルーンを揺らすことで玉が次々に高く低くさまざまにジャンプするように「うわぁ、たまがおどってる!」「おもしろーい!」と、大喜びでした。

※子どもの言葉に共感し、ようすを見ながら、バルーンの高さや、揺らし方を変えていくと、さらに楽しめますよ。

90 いろいろな遊具で ドライブしよう！

どこへ行こう？　なりきって

0 1 2 3 4 5 歳児

子どもも保育者も！楽しくなるヒ・ミ・ツ！
導入の環境づくり・ことばがけ

保育者のことばがけが大切。「わー踏み切りだー」「かんかんかん」「高速道路ですー」「終点～ 終点～」など、ことばがけしながら運転士になったつもりで遊びましょう。

遊び方
- 地面に線を引いたその上を歩きます。
- 0歳児は、保育者と手をつないで歩いて行きます。
- 1歳児は、手押し車を押して行きます。
- 2、3歳児は、ボールやリングバトンをハンドルにして遊びます。

実録！ 子どもの育ち＆イキイキ体験
遊んだときの子どもの姿から…
- ★0歳児は保育者といっしょに線の上を歩くことを楽しんでいます。
- ★2、3歳児は運転士になった気持ちで走っています。何かを持って走ることが喜びになります。

---

91 いろいろな遊具で 電車が出発

クネクネ走る　なりきって

0 1 **2 3 4 5** 歳児

子どもも保育者も！楽しくなるヒ・ミ・ツ！
導入の環境づくり・ことばがけ

クネクネ、グルグルを子どもが遊びながら体全体で感じ取れるよう、小道具を用意しましょう。「ガッタン、ゴットン」「ピー」など、楽しいことばがけをしましょう。

遊び方
1. 段ボール箱のふたを切り離し、子どもひとりが入れる電車を作ります。
2. ひとりずつが運転士。みんなで出発です。
3. 「今から、どこへいく？」「どうぶつえん」「じゃぁ、みんなで動物園へ出発！」

実録！ 子どもの育ち＆イキイキ体験
遊んだときの子どもの姿から…
- ★友達とイメージを共有しながら電車ごっこを楽しむ姿がありました。

どんどん広がる！アレンジ

増やしてみよう 1・2・3歳児

- カラー標識は駅、プランターは1周回るなど、少しずつ障害物を増やして遊びましょう。

2、3人で連なって 2・3・4歳児

- 2両編成、3両編成など、連なって遊んでみましょう。

いろいろな遊具で

92 どこへ行こう？ 三輪車

三輪車でゴーゴー

0 **1** **2** **3** 4 5 歳児

子どもも保育者も！楽しくなるヒ・ミ・ツ！
導入の環境づくり・ことばがけ

「次は、トンネルをくぐりますよ」「わぁ、渋滞ですね」など、実況ふうにして遊びましょう。

遊び方

地面にいろいろな道を描いて三輪車に乗って園庭をお散歩です。

どんどん広がる！アレンジ

荷物運び屋さん 2・3歳児

● 三輪車にロープで段ボールをくくり付けて、荷物運び屋さん！

実録！ 子どもの育ち＆イキイキ体験 遊んだときの子どもの姿から…

★ お気に入りの三輪車を自分でこげるようになったうれしさを味わっています。

いろいろな遊具で

93 ミニサーキット

トロルがねらってる

0 **1** **2** **3** **4** 5 歳児

子どもも保育者も！楽しくなるヒ・ミ・ツ！
導入の環境づくり・ことばがけ

模倣遊びが大好きな2歳児。遊具を組み合わせ「3匹のヤギ」になって遊びましょう。物語の世界を楽しみながら、しぜんに体を動かせることばがけをしましょう。

遊び方
1. 平均台の橋を渡ります。
2. マットの山を登ります。
3. 最後はマットの上、草場でむしゃむしゃ。

マットの山
跳び箱

どんどん広がる！アレンジ

草場でゆったり 0・1・2歳児

● マットの上、草場でゆったり遊ぶのも楽しいです。

トロルとヤギ 2・3・4歳児

● トロルとヤギになって、掛け合いを楽しんで遊びましょう。

実録！ 子どもの育ち＆イキイキ体験  遊んだときの子どもの姿から…

★ 保育者に見守られながら、自分なりのペースで歩いたり登ったりの運動に挑戦しています。

サーキットであそぼー

いろいろな遊具で サーキット　0 1 2 **3 4 5** 歳児

子どもも 保育者も！ 楽しくなるヒ・ミ・ツ！ 導入の **環境づくり・ことばがけ**

園庭にある固定遊具や木、移動遊具などを活用して、サーキット遊びをしましょう。子どもが喜びそうな動きをたくさん取り入れて、遊び心を豊かにして楽しみましょう。

遊び方
1. 子どもたちと相談して、マットや平均台を園庭に並べていきます。
2. サーキットの順番を決めてスタートします。

平均台　どんどん広がる！アレンジ
跳び越しながら
平均台に手をつき、右へ左へ平均台を跳び越しながら、前へ進んでみよう。

またぎながら
平均台をまたいで、手をつきながら前へ進んでみよう。

鉄棒　どんどん広がる！アレンジ
前回り
できるようになったら前回りに挑戦！

鉄棒でブタの丸焼き

平均台は横歩きで行くよ

マットをよじ登って、跳ぶんだよ!!

マット　どんどん広がる！アレンジ
イモムシ ゴロゴロ
マットの上を転がって進もう。

ジャングルジム　どんどん広がる！アレンジ
登って越えよう
ジャングルジムを登って越えてみよう。

ジャングルジムのいちばん下をくぐろう

木を回ってね

フープを跳んで

ゴール

スタート

ゴムひもを跳び越そう

フープ　どんどん広がる！アレンジ
フープ
フープを腰で3回、回してみよう。

ゴムとび　どんどん広がる！アレンジ
くぐってみよう
ゴムひもを跳び越えたら、くぐって通り抜けよう。

スラロームで
カラー標識を倒してスラロームで走ったり跳び越えたりしてみよう。

いろいろ　どんどん広がる！アレンジ
ジャンプでタッチ
ネットに入れたボールを木にぶらさげて、ジャンプしてタッチ！

どんどん広がる！アレンジ
リーダーをまねしよう！ 4・5歳児

「つぎはジャングルジム！」

● リーダーを決めて、必ずリーダーの考えたコースや跳び方のまねをしながらついていきます。1周するとリーダーを交替します。

見取り図を作ってみよう！ 4・5歳児

● 自分たちがやったことを、見取り図にしてみましょう。「次はこうしたい！」につながります。

実録！ 子どもの育ち&イキイキ体験
★ チャレンジしたい体育遊具をみんなで並べてコースを決めるところから、ワイワイとにぎやかに話し合っています。マットや平均台などの跳び方は、子どもたちで決めて遊ぶと盛り上がります。

いろいろな遊具で サーキット ボール
ボールで冒険だ!

0 1 2 3 **4 5** 歳児

子どもも保育者も!楽しくなるヒ・ミ・ツ!
導入の環境づくり・ことばがけ

予想外の動きをするボールだからこそ、子どもたちは、おもしろがってチャレンジします。難度の低い遊びから少しずつ高度なものへとアレンジして楽しみましょう。

遊び方
● ボールが転がる道（レール）をみんなで考えて作ったら、ひとりひとりボールを持って、いろいろな運び方を試して遊びましょう。

スタート どんどん広がる！アレンジ
平均台の上を転がそう
平均台の上を落ちないように転がそう。途中で落ちても、またチャレンジ。難しいときは、カラービニールテープをはってあるところまででもOK!

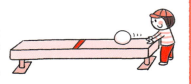

スタート
巧技台に滑り台をのせて坂道を作る

↓ 転がるボールをつかまえて、次のコーナーに進んでいく

↓ 新聞紙にボールを乗せて落とさずに運ぼう

↓ 縄を使って、ボールを運ぶ

↓ 足にボールを挟んで前に進む → わきに挟んで → キックで越えろ！ → フープを越えたボールを持って、ゴールへ

ゴール どんどん広がる！アレンジ
バウンドして
バウンドして段ボール箱に投げ入れたらゴール。

保育者が持つタンバリンにボールを当てて **ゴール**
やったあたった！

バランス どんどん広がる！アレンジ
トイレットペーパー芯で
ボールをトイレットペーパーの芯に乗せて落とさずに進もう。

引きずる どんどん広がる！アレンジ
新聞紙で
新聞紙の上にボールを乗せて、落とさずに進もう。

ほかにも どんどん広がる！アレンジ
バウンド
ラインから投げて当てたら次へ進もう。

ボール遊び どんどん広がる！アレンジ
ジグザグ
カラー標識を並べて、ジグザグ進もう。

どんどん広がる！アレンジ
子どもと考えよう 4・5歳児
あたまにのせて… すごい！ わたし○○できる。 ○○やりたい！

● いろいろな動きを子どもたちといっしょに考えましょう。意欲、達成感を大事にしていきましょう。

実録！子どもの育ち&イキイキ体験
★ゲーム感覚で楽しんでいます。ボールの運び方やルールは子どもたちが考えると、いろいろなアイディアが出てきました。

監修者 森川 紅（もりかわ くれない）

兵庫教育大学大学院学校教育研究科（幼児教育専攻）修士課程修了
元 姫路日ノ本短期大学教授
兵庫県姫路市において私・公立保育所に40年近く勤務（所長職も経験）の後、四條畷学園短期大学、武庫川女子大学、南海福祉専門学校、園田学園女子大学等でも非常勤講師として保育者養成に携わる。

主 著
『保育の楽しみ方がわかる本』ひかりのくに
『異年齢児のあそびと計画』ひかりのくに
『保育の内容・表現』同文書院
『保育実習の展開』ミネルヴァ書房
『現代生活保育論』法律文化社
『児童文化』保育出版社
『教師論・保育者論』三晃書房

著者 後藤和佳子（ごとう わかこ）
前 姫路市立保育所 保育士

中尾博美（なかお ひろみ）
元 姫路市立保育所 保育士
前 姫路獨協大学医療保健学部こども保健学科特別教授

荒井まこよ（あらい まこよ）
元 姫路市立保育所 保育士

STAFF
●本文デザイン／レターズ 小林真美
●本文イラスト／荒木愛子・オビカカズミ・北村友紀・常永美弥・
　ひろいまきこ・みやれいこ・Meriko・
　もり谷ゆみ・森のくじら
●楽譜浄書／株式会社福田楽譜
●校正／堀田浩之
●企画・編集／長田亜里沙・安藤憲志

本書のコピー、スキャン、デジタル化等の無断複製は著作権法上での例外を除き禁じられています。本書を代行業者等の第三者に依頼してスキャンやデジタル化することは、たとえ個人や家庭内の利用であっても著作権法上認められておりません。

保カリBOOKS㊼
0〜5歳児 たっぷり充実！
寒い日も元気に！
アレンジいっぱい！ **冬の外遊び**

2016年12月　初版発行

監修者　森川 紅
著 者　後藤和佳子・中尾博美・荒井まこよ
発行人　岡本 功
発行所　ひかりのくに株式会社
　〒543-0001　大阪市天王寺区上本町3-2-14
　TEL06-6768-1155　　郵便振替00920-2-118855
　〒175-0082　東京都板橋区高島平6-1-1
　TEL03-3979-3112　　郵便振替00150-0-30666
　ホームページアドレス　http://www.hikarinokuni.co.jp
印刷所　大日本印刷株式会社

©KURENAI MORIKAWA 2016
©HIKARINOKUNI 2016
乱丁、落丁はお取り替えいたします。

Printed in Japan
ISBN978-4-564-60894-0
NDC376　80P　26×21cm